野菜

細川亜衣

私のからだの大部分は野菜でできている。
だから〝野菜〟の本を作ろうと思ったのは、ごく自然なことである。
今日も明日もあさっても、私は野菜に埋もれて生きてゆきたい。

目次

材料の分量と計量について

レシピによっては、あえて材料の分量を入れなかった。つまり適量ということだが、食べる人の好みやその日の気分によって各人が決めるのがよいと、多くの料理について私は考えている。「トマト1個」といっても、大きいのも小さいのもある。分量はあくまでも目安と考えてほしい。

調味料にしても、鍋の大きさや熱源の種類、火力など、さまざまなことで味は左右される。慣れないうちは味の想像がつきにくいだろうが、ひたすら味見をするしかない。いちばん頼りになるのはレシピの分量ではなく自分の舌だということを、繰り返し作るうちに気づいていただけると思う。

・表記のあるもの以外はおおよそ4人分です。
・1カップ＝200cc、大さじ1＝15cc、小さじ1＝5cc

ふきのとうのおかゆ

ふきのとう――小4個
米――1カップ
水――6カップ

米を研ぎ、ざるに上げる。
土鍋に分量の水を入れて沸騰させる。
米を入れ、ふたをしてごく弱火にかける。
一般的なおかゆの食感よりもだいぶ固めに、
米の一粒一粒がまだしっかりと感じられるくらいまで6〜8分煮る。
ふきのとうは外側の固い苞をはずしておき、
お椀に花が見えるように広げて入れたところに、熱々のおかゆをよそう。

・米のつき具合や種類によって火の通り方がちがうので、固さをみて煮る時間を調整する。
・おかゆそのものには塩味をつけず、ふきみそや山椒じゃこ、大根や白菜の古漬けをお供にすれば、日本ならではの香りの和音に心静まる。

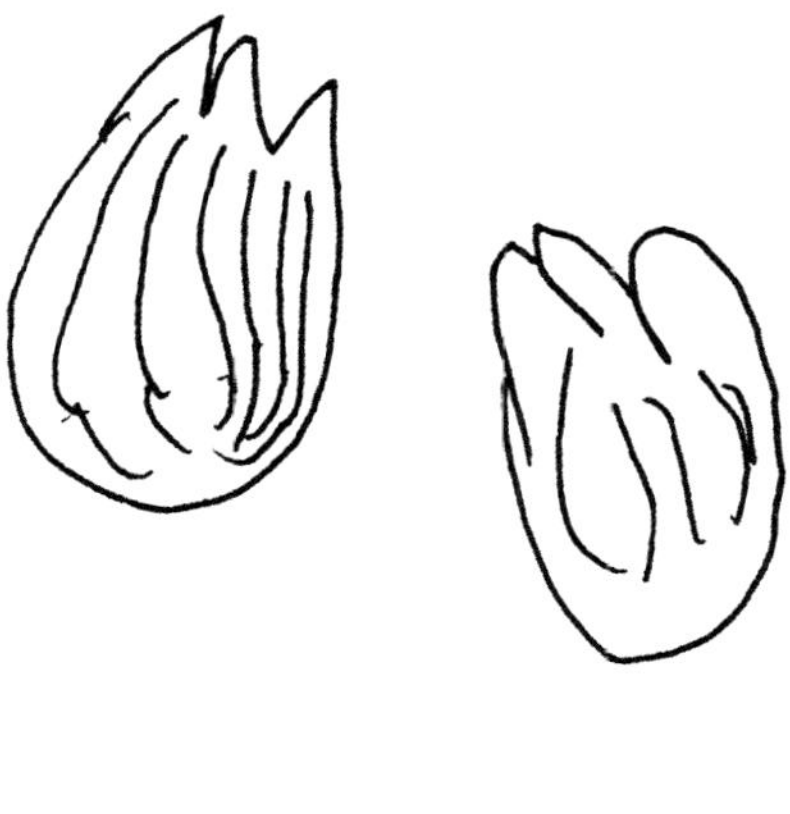

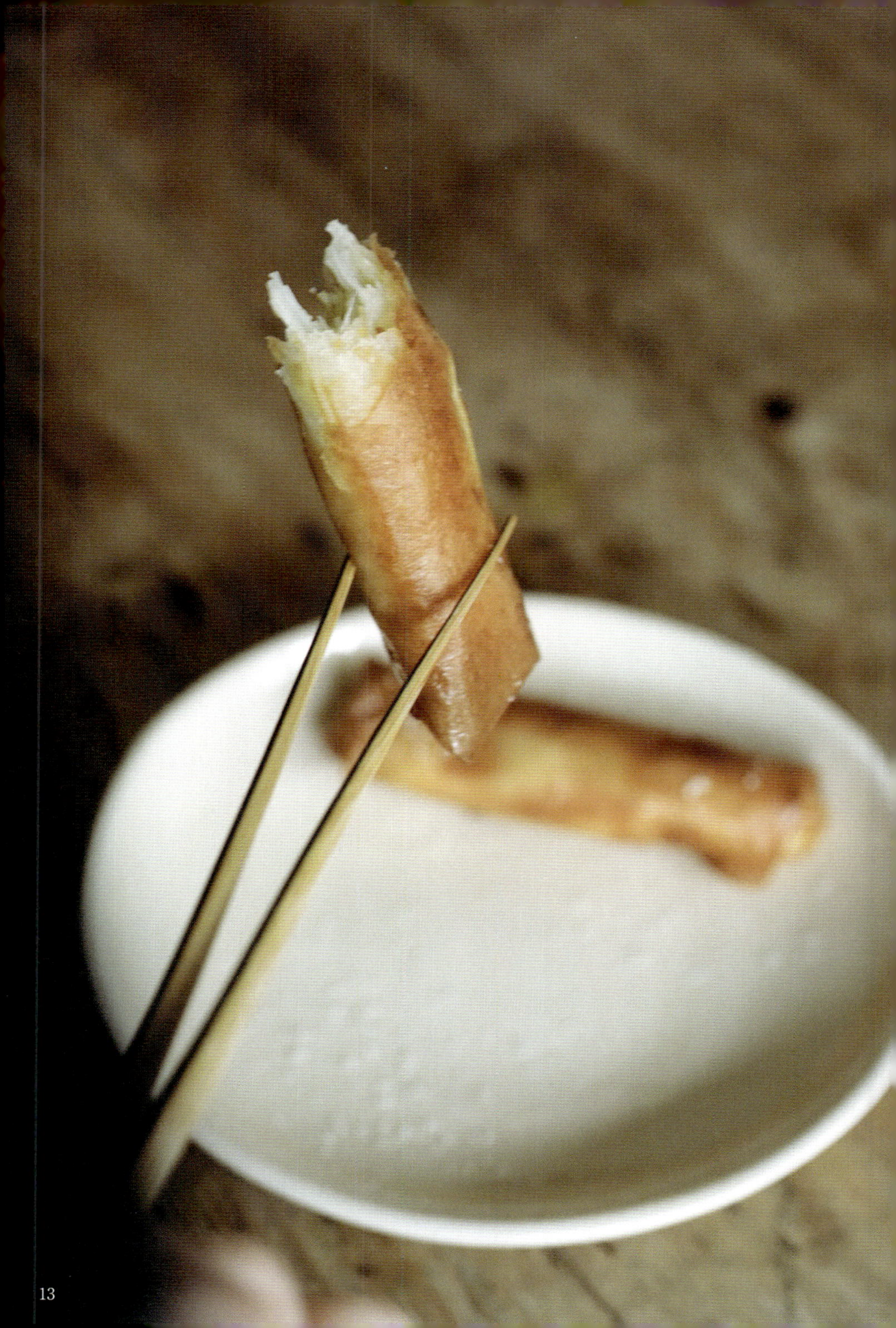

たけのこの春巻き

たけのこ
春巻きの皮
小麦粉
揚げ油
粗塩

たけのこは生のまま皮をむき、ごく薄切りにする。
春巻きの皮は、小さいものはそのまま、
ふつうの大きさのものは三角になるように半分に切る。
たけのこをたっぷりとのせて包む。
皮に穴があかないよう注意しながら、なるべく細身になるように巻く。
同量の水で溶いた小麦粉を皮の隅につけて留める。
揚げ油を中火で熱し、留めた方を上にして入れる。
片面がこんがりとしたら裏返し、
全体にきれいな揚げ色がついたら紙を敷いた網に取り、油を切る。
皿に盛り、粗塩をふる。

・たけのこはごく新鮮なものを用意する。
・具はたけのこの他には、そら豆をはじめとする青い豆類、根菜、山菜、きのこ、カリフラワー、果物（いちじく、桃、マンゴー）などもおいしい。
・大事なことは具を一種類にすることと、味つけをしないで巻くこと。
・たいていは具は生のままで巻くが、ゆで栗や焼きいもなど、じっくりと火を通して甘みを増した秋の味覚を閉じ込めた春巻きも、ぜひ作ってみてほしい。

春の白和え

春の白和え

菜花
芥子菜
祝蕾
粗塩
〈和え衣〉
豆腐――100g
金ごま――大さじ2
白練りごま――大さじ1
みりん――大さじ1
塩
〈仕上げ〉
ちりめんじゃこ――大さじ2
金ごま――大さじ1
菜種油――大さじ1
ごま油――大さじ1

菜花、芥子菜、祝蕾《しゅくらい》は洗って冷水につけておく。
鍋にたっぷりの湯を沸かし、粗塩を入れて野菜別に色よくゆでる。
ざるに上げて冷まし、ゆで汁はとっておく。
菜花の穂先は摘んでおき、残りは食べやすく切って軽くしぼる。
和え衣を作る。
野菜のゆで汁で豆腐をゆで、芯まで温まったらざるに上げる。
すり鉢に香ばしく炒った金ごまを入れてすり、さらに白練りごま、
塩、みりん、豆腐の順に加えてする。
小鍋にちりめんじゃこ、金ごま、菜種油を入れて中弱火でじっくりと炒める。
時どき混ぜ、全体がごくうっすらと色づいたら火を止めて、
ごま油を加える。
器に野菜を合わせてざっくりと盛り、和え衣をかけ、
熱々のじゃこごま油をかける。

- 豆腐の絹ごし、木綿は好みで。それぞれの豆腐から生まれる、それぞれのよさがある。
- 野菜と和え衣は和えてから盛るよりも、鉢から取り分ける時になんとなく混ざるくらいにとどめ、口の中ではじめて様々な食感が混じり合うのを楽しみたい。
- 初夏には青い豆ばかりで作ってもよいし、秋にはきのこで、冬はゆりねやかぶなどで作るのもよいだろう。

神戸風お好み焼き——

神戸風お好み焼き

〈生地〉
薄力粉――――――2カップ
水――――――2カップ強
かつお粉――――――$\frac{1}{4}$カップ
〈具材〉
野菜（キャベツ、ねぎ、にら、新玉ねぎなど）
豚ばら肉かたまり
油（菜種油または米油）
青のり
ソース（中濃ソース、しょうゆ）

薄力粉、水、かつお粉をボウルに入れ、泡立て器でよく混ぜる。
お玉ですくった時にさらさらと流れ落ちるくらいの濃度にする。
薄力粉の種類によって水分量は変わるので、適宜調整する。
野菜はそれぞれ刻み、別々の皿に盛る。
豚ばら肉は5ミリ厚さに切る。
ホットプレートを最高温度で熱々にしておく。

油を1枚分の大きさにぐるりと引く。
生地をお玉に1杯すくって、丸く薄くのばし、
好みの野菜を一面にたっぷりとのせる。
さらに豚ばら肉を重ならないようにのせ、生地をほんの少々まわしかける。
まわりに追い油をして、ぱりっと焼き上がるようにする。
下の面を極限までぱりぱりに焼いたら、裏返す。
裏返してからは押さえつけず、
上の生地で野菜と肉が蒸し焼きになるようにする。
好みで青のりを散らし、切り分けて各自の皿に盛る。
中濃ソースとしょうゆを好みで混ぜ合わせたソースをかける。

- 野菜は定番のキャベツ、ねぎ、にらの他、新玉ねぎ、干し白菜（縦8等分に切り、ざるに広げて2日ほど天日干しする）は特に相性がよい。他にセロリ、きのこ、もやし、じゃがいも、たけのこ、人参など、たいていのものは合う。驚くほどたくさん食べられるので、途中で足りなくならないように、具はたっぷり用意する。
- 肉は、じっくり焼く間に薄切りだと存在感がなくなってしまうので、かたまりを厚めに切る。
- ソースは、中濃ソースに少しさらりとするくらいまでしょうゆを混ぜると、きりっとして薄焼きのお好み焼きに合う。

卵の帽子をかぶった芽キャベツの腐乳炒め——

卵の帽子をかぶった芽キャベツの腐乳炒め

芽キャベツ――40個
卵――4個
にんにく――1かけ
しょうが――小1かけ
酒――大さじ1
腐乳《フールウ》――大さじ1
鶏油《チーユ》――大さじ1
油
塩

芽キャベツは芯の固いところがあれば削り、お尻に十字の切り込みを入れる。
使うまで冷水にひたしておく。
卵は割り、塩少々を加えてざっと溶く。
フライパンに油、皮ごとたたきつぶしたにんにくとしょうがを入れて、
弱火で炒める。
芽キャベツは水気を切りすぎない程度で上げ、
香味野菜の香りが立ってきたらフライパンに入れて、

ふたをして蒸し炒めにする。
芯までほどよく火が通ったら酒を加えて煮立て、
腐乳と鶏油を混ぜたものを加えてからめる。
ほんのり汁気が残った状態で器に盛る。
同じフライパンを強火で熱し、油を引いて溶いた卵を注ぐ。
大きく混ぜながら半熟にし、熱々の芽キャベツの上をおおうように盛る。

・芽キャベツはなるべく青々とした、小さいものを選ぶ。
・芽キャベツの他に、キャベツ、アスパラガス、菜花、青い豆類など、さまざまな春の青い野菜で作ってもおいしい。
・油は菜種油、米油、椿油など好みのものを使う。
・鶏油＝鶏の皮を適当な大きさに切り、フライパンに入れて弱火で30〜60分、じっくりと火を通して分離した脂を漉して作る。

ういきょうとかさごのレッソ

ういきょうとかさごのレッソ

ういきょう
かさご
レモン
オリーブ油
粗塩

ういきょうは葉と株に分けてよく洗い、
株は火が通りやすいよう半分から4等分に切る。
かさごは「ツボ抜き」にしてえらと内臓を抜く。
まず、かさごの胴体をつかんで口を開き、
えらを両側からはさむようにして、奥まで割り箸を入れる。
ぐるぐると回しながらえらと内臓を引っ張り出したら、腸の中を流水で洗う。
平鍋に水とういきょうの葉を入れ、粗塩を入れて沸かす。
沸いたら、ういきょうの株を入れてゆでる。
太いところに串がすっと通るくらいまでやわらかくなったら、かさごを入れる。
強火にして、かさごにゆで汁をかけながらゆでる。
あくが出たら引き、途中、汁の味をみてほどよく塩味をととのえる。

身の厚いところに金串を刺し、唇に当ててみて熱くなっていれば火を止める。汁ごと器に盛り、オリーブ油をまわしかけ、粗塩をふり、レモンを添える。

・「レッソ」はイタリア語で〝ゆでた〟ものを意味する。
・ういきょうは英語でフェンネル、イタリア語ではフィノッキオと呼ばれる。ごくうっすらと緑色がかった、白い、ずんぐりと太った根の部分を食べる。外側と緑色の軸や葉は固いのでそのままは食べないが、水と一緒に煮ると香りのよいだしが取れる。
・ういきょうの食べ方＝生でオリーブ油、赤ワインビネガー、粗塩をぐるぐると回しつけてかじる。オレンジの果肉と和えてサラダに。縦に食べやすく切って塩ゆでし、レモンとオリーブ油で。薄く切ってバルサミコ、オリーブ油、粗塩と和えて。ゆでてからベシャメルソースとチーズをかけてグラタンに。

カルチョーフィの丸煮

カルチョーフィ
赤玉ねぎ
オリーブ油
粗塩
水

カルチョーフィは軸が手で簡単に折れるくらいのところで折り、洗って鍋に入れる。

赤玉ねぎは皮をむき、大きければ半割りにし、小さければそのまま鍋に入れる。

水をひたひたに加え、オリーブ油をまわしかけ、粗塩をふる。

ふたをして中火にかけ、煮立ったら火を弱める。

カルチョーフィと赤玉ねぎの芯にすっと串が通るくらいまで煮たら、火を止めてそのまま蒸らす。

供する前に冷めていたら弱火で温め直し、熱々を器に盛る。

カルチョーフィの萼を一枚ずつはがし、根元を歯でしごきながら食べる。

固い萼を食べ尽したら、やわらかな根元あたりにオリーブ油と粗塩をふり、そのままがぶりと嚙みつく。
赤玉ねぎもオリーブ油と粗塩をかけて食べる。

・「カルチョーフィ」はイタリア語。和名は「朝鮮あざみ」だが、英語名の「アーティチョーク」、フランス語名の「アーティショー」のほうがなじみがあるだろう。
・なるべく萼が肉厚で先が開いていないものを選ぶ。
・その他の食べ方は２３４ページのエッセイを参照。

キャベツのケーキ

キャベツ
にんにく
イタリアンパセリ
オリーブ油
コラトゥーラ
赤ワインビネガー
粗塩

キャベツは固い外葉をはずし、裏返して芯に十字の切り込みを入れる。
よく洗い、たっぷりの冷水につけておく。
蒸気の立った蒸し器にキャベツを入れ、強火で20〜30分ほど、
芯に抵抗なく串が通るまで蒸す。
めいめいの皿ににんにくの切り口をこすりつけて香りをつける。
イタリアンパセリの粗みじん切りを盛り、まわりにオリーブ油、コラトゥーラ、
赤ワインビネガーを、絵を描くようにたらす。
粗塩を皿全体にふり、ケーキのように切り分けた熱々のキャベツを盛る。

・キャベツのケーキは、かつてはオーブンで丸ごと焼いて香ばしさを愉しんでいたが、最近はくったりと蒸気でやわらかくなったキャベツのほうが好きになった。味だけでなく、食感の好みも年を経るごとに変わるのだろう。
・キャベツにアンチョビが合うのはみなさんもよくご存じだと思うが、イタリアの魚醤「コラトゥーラ」（片口いわしを塩漬けにして発酵熟成させた後、圧搾し、濾過したもの）は、片口いわしの芳香を閉じ込めた調味料で、これが蒸したキャベツととても相性がよい。
・特に難しい技術はいらない簡単な料理だが、にんにく、イタリアンパセリ、赤ワインビネガー、オリーブ油、どれを欠いてもこのケーキは完成しないので、ぜひ材料を揃えて作ってみてほしい。

新じゃがいものグリーンマヨネーズ——

新じゃがいものグリーンマヨネーズ

新じゃがいも
新にんにく
卵
〈グリーンマヨネーズ〉
卵——1個
油——180g
レモン汁——小さじ1
酢——小さじ1
塩——小さじ½
ハーブ——20g
小ねぎ——5g
粗塩

新じゃがいもは皮をよく洗う。
新にんにくは、ばらばらにする。
じゃがいもとにんにくを鍋に入れ、かぶるくらいの水を注いで中火にかける。
煮立ったら静かにゆれるくらいの火加減にし、

それぞれにすっと串が通るまでゆでる。
食べるまで湯につけたまま、ふたをして冷めないようにしておく。
卵は室温に戻し、熱湯から中弱火で6分ほどゆでる。
冷水に取り、冷めたら殻をむく。
「ねぎの蒸し煮と卵マヨネーズ」（216ページ）のレシピを参考に、
マヨネーズを作る。
出来上がったマヨネーズのうち大さじ4に、ハーブと
小ねぎの青いところを刻んだものを加え、なめらかになるまで攪拌する。
鉢に温かいじゃがいもとにんにく、半熟卵を盛り合わせる。
グリーンマヨネーズを別の小さな鉢に入れて添える。
各自で野菜と半熟卵、グリーンマヨネーズを取り分け、粗塩を散らして食べる。

・新じゃがいもは、親指の先ほどの小さなものをなるべく選ぶ。
・グリーンマヨネーズのハーブはパセリ、イタリアンパセリ、ディル、コリアンダーなど、葉がやわらかくあくの出にくいものを選ぶ。いろいろ混ぜてもよいし、格別に好きなハーブだけで作り、その香りを強調するのもよい。
・グリーンマヨネーズと相性のよいもの＝ゆでた白身魚やいか、たこ、鶏肉、卵、菜花やアスパラガス、青い豆類、たけのこやわらびなど。サンドイッチや揚げ物、こんがりと焼いた田舎パン、よく冷やして大ぶりに切ったレタスなど。
・油は米油またはしらしめ油、酢は米酢またはワインビネガーを。

セロリとラルドの温かいサラダ——44

セロリとラルドの温かいサラダ

セロリ――2本
ラルド――40g
くるみ――40g
にんにく――1かけ
赤唐辛子――1本
オリーブ油――大さじ2
赤ワインビネガー――大さじ4
粗塩

セロリは洗って冷水につけておく。

ラルドは5ミリ厚さに切ってから、さらに5ミリ幅の拍子木状に切る。

くるみは170度のオーブンで10分ほど、中の白い果実がごくうっすらと色づくまで炒る。

熱いうちに手で軽くもむようにして、はがれる薄皮を取る。

セロリの水気をしっかりと切り、できるだけ芯に近い繊維のやわらかそうなところを歯ごたえのよい厚みに切る。

葉は細かく切って一緒に皿に盛り合わせる。

小鍋にオリーブ油を入れ、
つぶしたにんにくと赤唐辛子を加えて弱火にかける。
香りが出てきたらくるみとラルドを加え、
ラルドがほんのりと色づいたら赤ワインビネガーを加えて煮立てる。
セロリの皿に熱々のソースをかけ、粗塩をふり、間髪入れずに和えて食べる。

・ラルド（豚の背脂を塩漬けまたは燻製にしたもの）のかわりにパンチェッタ（豚のばら肉を塩漬けにして熟成したもの）でもよい。
・セロリの他、白菜、キャベツ、大根、ほうれん草、トレヴィス、ういきょう（フェンネル）などで作ってもおいしい。

ズッキーニのソテーにチーズの花——

ズッキーニのソテーにチーズの花

ズッキーニ
にんにく
オリーブ油
粗塩
セミハードチーズ

ズッキーニは色、形、いろいろなものを用意する。
それぞれへたを落とし、細身のズッキーニは5ミリほどの厚さの輪切りに、
丸いズッキーニは食べやすい大きさに切ってから同じ厚さに切る。
フライパンまたは平鍋につぶしたにんにくを入れ、
オリーブ油を鍋底全体にうっすらかかるように引く。
ズッキーニを加えて中火にかけ、音がしてきたら弱火にする。
ふたをしてゆっくりと蒸し焼きにし、
時々ふたの裏についた水分を落としながら混ぜる。
全体にほどよく火が通ったら火を止める。
粗塩を軽くふり、ざっくりと混ぜて皿に盛る。
花びらのように薄く削ったチーズをのせ、粗塩をふる。

・ズッキーニはできれば様々な色、形のものを揃えよう。それぞれ火の通り具合が変わるが、あえていろいろと混ぜることでそのちがいを楽しみたい。なお、火を通すとかなり量が減るのでたっぷりと用意する。
・チーズは、ここではフランス・バスクで作られる羊乳チーズ・プティアグールを使用している。今回はジロールと呼ばれる「テット・ド・モアンヌ専用削り器」でフリル状に削ったが、コンテやグリエールなどのチーズをスライサーなどで削るとよい。
・私はこのズッキーニのソテーを、主菜として一人前を大きなお皿に盛ってたっぷりと食べるのが好きだ。淡白なはずの野菜がなんとも堂々とした料理になる。また、イタリア風の平たい卵焼き「フリッタータ」に焼きこんでもおいしいし、パスタのソースにするのもよい。
・もう一つ、ズッキーニ料理といえば「ズッキーニのステーキ」を忘れてはならない。オリーブ油をまぶしたズッキーニを丸のままオーブンで焼くだけなのだが、これには「ステーキ」と呼んで然るべき肉肉しさがあり、少し大きく育ったズッキーニをおいしく食べるのにもよい料理だと思う。手で押してみてふんわりとするまで焼いたら、にんにくをこすりつけた大きな丸皿に盛る。刻んだイタリアンパセリを散らして粗塩をふり、オリーブ油をぐるりとまわしかけてからフォークとナイフでうやうやしく食べる。

そら豆わんたん

そら豆わんたん

（約50個分）
そら豆――約40粒
豚肩ロース肉かたまり――100g
新玉ねぎ――中½個
わんたんの皮――50枚
酒――大さじ1
ごま油――大さじ1
塩
こしょう
〈仕上げ〉
青唐辛子酢
しょうゆ

そら豆は薄皮までむく。
4分の1は半割りにし、残りは粗く刻む。
豚肩ロース肉は薄切りにしてから刻み、軽くたたく。
新玉ねぎは粗みじん切りにする。

ボウルに刻んだそら豆と豚肉、玉ねぎを入れ、塩、こしょう、酒、ごま油を加えて混ぜる。

わんたんの皮の中心に具をのせ、三角にたたんで閉じる。

鍋に湯をたっぷりと沸かしてゆでる。

透明感が出てきたら、半割りにしたそら豆を加えてさっとゆでる。

湯をざっと切り、温めた鉢に盛る。

青唐辛子酢としょうゆで食べる。

・そら豆を塩ゆでにする。熱々を手に取り、皮を前歯で齧る。中から飛び出した豆を頬張るとどこか肉を思わせる匂いが立つ。皮があるからこそ、中の豆をよりおいしく感じるのだろう。だから、わんたんの他、ラヴィオリや春巻きなど、小麦粉で作った皮で生の豆を包み、湯や油を通して中の具材を加熱する料理との相性がとてもよいのだと思う。
・食べる時は爽やかな青唐辛子酢（138ページ）をかけると、きりりと引き締まるのでぜひ。ディルやコリアンダーなどの香草を刻んで添えるのもいいだろう。

新にんにくごはん

米——2カップ
水——米と同量
新にんにく——1玉
ごま油——小さじ1
粗塩

米を研ぎ、ざるに上げて30分以上おく。
鍋に入れ、皮をむいてばらした新にんにくを散らす。
水を注ぎ、ごま油をまわしかけ、粗塩をぱらぱらとふってふたをする。
強火にかけ、蒸気が立ってきたらごく弱火にして12分炊く。
最後に5秒ほど火を強めてから火を止め、10分ほど蒸らす。
さっくりと混ぜて茶碗に盛り、粗塩をふる。

・「新」の時期を過ぎ、芯ができて固くなったにんにくで作ると匂いが強くなりすぎてしまう。

・やわらかな新にんにくはごはんと炊き込む他、新じゃがやパスタと一緒にゆでてオリーブ油とコラトゥーラ（イタリアの魚醬。39ページ参照）、ハーブと和えるのもおいしい。

ゆでアスパラガス

アスパラガス
オリーブ油
粗塩

アスパラガスは根元の固いところを確かめながら、ぽきっと折れるところで折る。
沸騰した湯にきつめに粗塩を入れ、やわらかくゆでる。
青々として、全体に塩分と水分が浸透したら湯を切り、温めた皿に盛る。
すかさずオリーブ油をたっぷりとまわしかけ、粗塩をふる。

・アスパラガスはなるべく細いものを用意する。オリーブ油は青々とした、優しい香りのものを選ぶ。
・アスパラガスは蒸すよりも塩をきかせた湯で、自分の目でしっかりと見つめながら、一番おいしいところで引き上げるのが好きだ。
・太くて、堂々としたアスパラガスがおいしいのはもちろんだが、私は細く、いまにも折れそうなたおやかなアスパラガスに心惹かれる。生パスタと一緒にゆでてオリーブ油とパルミジャーノ・レッジャーノをたっぷりかけたり、半熟の目玉焼きに添えるのもおいしい。

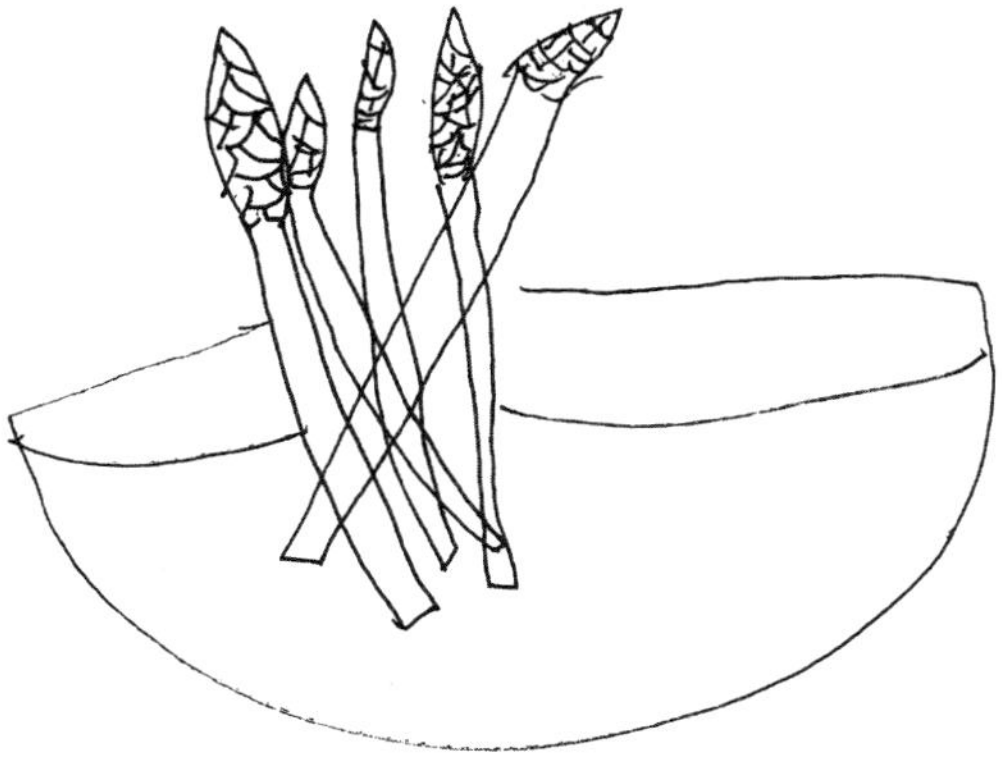

にんじんのマッシュ——

にんじんのマッシュ

にんじん
発酵バター
シナモン
粗塩

にんじんは細ければそのまま、太ければ縦半分あるいは4等分に切り、ふたのできる厚手の鍋に入れる。

粗塩をふり、発酵バターをところどころにのせ、シナモンスティックを入れる。

ふたをして160度のオーブンで約1時間、芯までごくやわらかくなるまで焼く。

表面がキャラメル色になり、すっと串が通るようになったら取り出す。

熱いうちにすりこぎや麺棒で粗くつぶし、熱々を器に盛る。

粗塩をふり、冷たい発酵バターをのせる。

・ところどころキャラメル色になるまで焼いた甘いにんじんは、焚き火でじっくりと火を通した焼きいもの香りがする。

・焼きにんじんの使い方＝ミキサーにかけてなめらかなピュレにする。水分を加えて煮立て、ミキサーで攪拌し、ポタージュにする。フォカッチャやパンケーキの生地に練り込む。

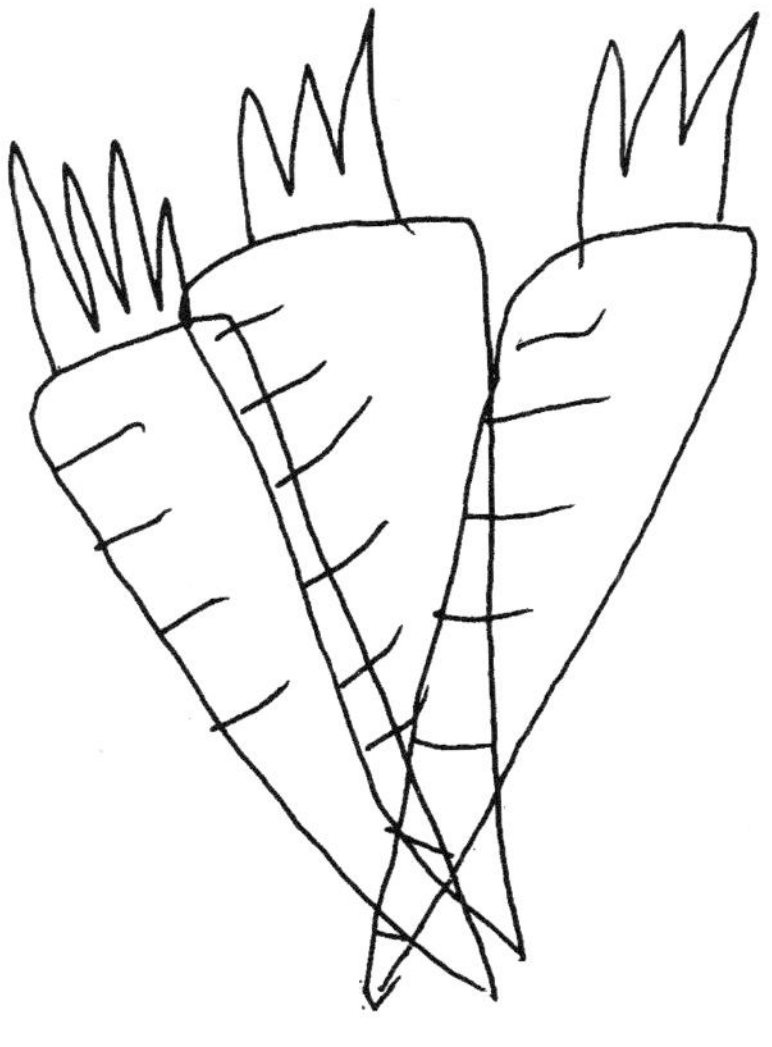

にら豆腐

にら豆腐

木綿豆腐――1丁
にら――1把
赤唐辛子――2本
花椒《ホワジャオ》――10粒
ごま油――大さじ2強
〈仕上げ〉
粗塩
しょうゆ
青唐辛子酢
辣油または豆板醤

にらは下の固いところを落とし、ごく細かい小口切りにする。
水気を切った木綿豆腐を器に盛り、
にらを豆腐が見えなくなるほどたっぷりとのせる。
小鍋に切り落としたにらの固いところ、
赤唐辛子、花椒、ごま油を入れて弱火にかける。
油に具材の香りが移ったら、火を強めて一気に熱くし、豆腐の上に網で漉してまわしかける。
粗塩、しょうゆ、青唐辛子酢、辣油または豆板醤など、好みの味つけで食べる。

・にらは刻んで生々しい香りを楽しむのが好きだ。お椀に入れ、熱々のみそ汁を注ぐ。しゃぶしゃぶや肉だんご鍋などの薬味にする。あるいはこのにら豆腐やにらうどんのように、淡白な食材の上にたっぷりのにらをのせ、熱々の油をじゅうっとかけ、しょうゆや酢で食べる。
・にらと納豆の組み合わせもいい。にらをゆでてから小口に刻み、納豆にのせてしょうゆと混ぜる「にら納豆」は、やわらかなにらの食感と、ゆでてもなお明瞭な香りを放つにらの存在感がたまらない。また、刻んだ生のにらと香菜、ごま油と粗塩を納豆と合わせた中華風も、とても気に入っている。

赤玉ねぎのソース——

赤玉ねぎのソース

赤玉ねぎ――大1個
シナモン――1かけら
きび砂糖――大さじ2
赤ワインビネガー――1/4カップ
オリーブ油
粗塩

赤玉ねぎは皮をむき、根の部分をのぞく。
縦半分に切り、外側から浅い切り込みを入れながら1枚ずつむく。
1枚ずつ縦長に切り、さらに四角くなるように切る。
芯に近い内側はすべてははがせないので、
適当なところで同じような大きさに切る。
大きさは問わないが、きれいに切り揃えることで仕上がりが美しく、
また均一に火が入る。
フライパンの底全体を覆うようにオリーブ油を引き、
シナモンスティックを入れて弱火にかける。
シナモンの香りがしてきたら、赤玉ねぎを入れて中火で炒める。

油がまわって全体に艶が出たら、きび砂糖をふり、さらに艶々になるまで少し時間をかけて炒める。

赤ワインビネガーを加えて中強火にし、酸味を飛ばす。

赤玉ねぎにほどよい歯ごたえが残り、かつ生っぽいえぐみがなくなるまで炒める。

水分がほんの少し残るくらいで火を止め、粗塩をふって混ぜる。

粗熱が取れた頃が味も香りもなじんでおいしいが、組み合わせる料理によってはよく冷やしておくのもよい。

・このソースをおいしく作れるようになったら、料理上手の道は拓かれたようなものだ。シナモンの淡い香りが、とろりと炒めた甘酸っぱい赤玉ねぎに絡んで脳天に響く。誰かに作ると、みな口を揃えて「おいしい！」と褒めてくれる。私が初めて出会ったのは、北イタリアの研修先のリストランテでのこと。「兎とマーシュのサラダ」にかかっていたこのソースを、ある日の賄いで食べてひと口で虜になった。
・相性のよいもの＝焼いた肉（牛、豚、鶏、鴨、子羊）、揚げた肉団子、レバーのソテー、ゆで鶏、かつおのたたき、青魚の刺身やグリル、トレヴィスあるいはレタスだけのサラダ、夏野菜の素揚げ（なす、ズッキーニ、パプリカ、オクラ、かぼちゃなど）。
・大切なことは、赤玉ねぎをきれいに切り揃えることと、きび砂糖を入れたら気持ちを落ち着かせて全体に溶けた砂糖がしっかりと絡むまで炒めること。

レタスとえごまとのりのサラダ――

レタスとえごまとのりのサラダ

レタス
ロメインレタス
えごま
えごま油
しょうゆ
酢
焼きのり

レタス類とえごまは1枚ずつ洗って氷水に放ち、
パリッとしたら水気を切る。
手で食べやすい大きさにちぎる。
野菜の水切り器でさらにしっかりと水気を切る。
鉢に盛り、えごま油、しょうゆ、酢の順にかけて和える。
味をととのえたら、炙った焼きのりを卓上でちぎってたっぷり散らす。
ざっくりと混ぜて、めいめいの皿に盛る。

・レタスはいろいろな種類があるが、このサラダを作る時にはパリパリとした食感が楽しめる結球レタスかロメインレタスを。そして、時おり口の中で鮮やかに匂い立つえごまの香りがとてもいいアクセントになってくれる。
・えごま油のかわりにごま油でもよい。

さやいんげんの高菜和え――

さやいんげんの高菜和え

さやいんげん
高菜の古漬け
しょうが
にんにく
ごま
赤唐辛子
菜種油
ごま油
青唐辛子酢
しょうゆ
粗塩

さやいんげんは洗って冷水にしばらくつけておく。
高菜の古漬けとしょうがは、細かく刻む。
にんにくはつぶす。
湯を沸かし、粗塩を入れてさやいんげんを色よく、
ほんのり歯ごたえが残るようにゆでる。

ゆだったらざるに上げて水気を切り、へたを取る。
鍋に菜種油とごまを入れて中火にかける。
香ばしい香りがしてきたら、にんにく、しょうが、赤唐辛子を入れて炒める。
さらに高菜を加えて炒め、最後にごま油、青唐辛子酢、
しょうゆをそれぞれ少々回しかけて味と香りをととのえる。
火を止め、さやいんげんを入れて和える。

- 高菜は熊本では主に漬け物の材料とされ、漬けたての青々としたものから、少し黄ばんで酸味が出てきたものまでそれぞれのおいしさがある。
- 高菜漬けは、刻んでごまや香味野菜、唐辛子と炒めて、隠し味にしょうゆと酢をきかせると、ただ油で炒めただけではない奥深さが加わる。ゆでた野菜や揚げた野菜と和える他、釜揚げの麺と和えたり、豆腐やおかゆにかけたりと、使い方は無限にある。

トマト納豆鍋

トマト納豆鍋

トマト――8個
豚ばら肉かたまり――400g
納豆――100g
ねぎ――1本
にんにく――1かけ
しょうが――大1かけ
粗塩
酒
油
ごま油
ごま
〈薬味〉
えごま、にら、小ねぎなど

トマトはへたをのぞいて乱切りにする。
豚ばら肉は5ミリ厚さに切る。
ねぎ、にんにく、しょうがはすべてみじん切りにする。

鍋を熱してたっぷりの油を引き、豚肉を炒める。
こんがりとしたら香味野菜を加えて炒める。
粗塩をふってよく混ぜながら炒め、脂がしみ出てきたら酒をふる。
納豆を入れてしっかりと炒める。
粘りがなくなって、鍋底にはりつきそうになるまで炒めたら、
トマトを加える。
水をかぶるくらいまで注ぎ、強火で煮る。
時々鍋底から混ぜながら、味がまとまるまで煮る。
いったん火を止めて味をなじませる。
しばらくおいて強火にかけ、煮たったら
熱々にごま油をたらし、半ずりの炒りごまををふる。
器に盛って好みの薬味を刻んだものを散らす。

・トマトは完熟のものを使う。よく熟れたものが手に入らない時は、水の半量をトマトジュースにかえるとこくが出る。
・豚肉はばら肉のかたまりを自分で切る。ほどよい厚みに切った肉は、時間をかけて炒め、しっかりと煮込んでも紛れてしまうことなく自らを主張する。
・炒める油は米油、菜種油などを使う。

我流スリランカカレー

スリランカの家庭や食堂で食べた記憶をもとに、自己流で野菜を選び、スパイスの量や組み合わせをその都度決めて作っている。そのため、レシピの細かい分量を出すことは難しい。

しかし、何回か作るうちに、この野菜にはこのハーブ、このスパイス、ココナッツミルクは入れるか入れないか、汁気は多めがいいのか少ないのがいいのか、あくまでも我流ではあるけれど、いろいろなことがわかってきたように思う。

スリランカではカレーリーフやパンダンリーフなどが欠かせないカレーも多かったが、日本では生の新鮮なものは簡単には手に入らない。だから、私は庭に生えているコリアンダーやレモングラスなどを使うことも少なくない。また、日本に生息していないハーブについては、似たような香りのもので代用することもいたしかたない。とはいえ、ごくまれに生のカレーリーフが手に入った時は、カレーが抜群においしくなる。

スパイスの種類や量は、野菜の持ち味を殺さず、より生かすことを考えながら使うようにしたい。スリランカ風のカレーを作るにあたり、揃えておくとよいと思ったのは、ターメリック、チリフレーク、シナモン、カレーパウダー、カルダモンあたりだろうか。料理を教えてくれた宿の女主人が持たせてくれたのもこの5種類だった。料理を作るところを見せてもらった時、スパイスの類はそれほどたくさん入れているという印象はなく、それぞれの野菜の個性を引き出すための縁の下の力持ち的な存在のように思えた。これはもうだいぶ前に旅をしたモロッコでも感じたことだった。

カレーのベースには必ずココナッツオイルを使う。オイルの量は少ないと野菜にうまく火が通らないのである程度の量を使うが、食べた後、胃にずしんと重たくのしかかることがないのは、ココナッツオイルのおかげだろうと思う。

スリランカでは肉や魚のカレーも色々あったし、食べたけれど、帰ってきてから作るのは野菜のカレーばかりだ。これは、スリランカ的な調理法が野菜を魔法のようにおいしくしてくれるからにちがいない。

日本はもちろんのこと、世界中にいい野菜料理はたくさんあるが、イタリア、スリランカ、中国、台湾は私が訪れた国の中では特に野菜使いの巧みさが心に残っている。

各国にそれぞれの流儀があり、それぞれの味がある。だから旅はやめられないのである。

オクラとオクラの花のカレー

オクラ
玉ねぎ
オクラの花
にんにく
コリアンダーの種
チリフレーク
カレーパウダー
ターメリック
ココナッツオイル
塩

オクラは萼のまわりを削り取り、軸の固いところを切り落とす。
鍋を熱してココナッツオイルを引き、
つぶしたにんにく、薄切りの玉ねぎ、コリアンダーの種、
チリフレーク、カレーパウダー、ターメリックを炒める。
香りが立ったらオクラを入れ、
ほどよく火が通るまで炒め煮にする。
仕上げにオクラの花を加え、塩味をととのえてさっと炒める。

・オクラの花はなければ省いてもよい。

ゴーヤのカレー

ゴーヤ
赤玉ねぎ
トマト
チリフレーク
クミンシード
カレーパウダー
ココナッツオイル
塩

ゴーヤは縦半分に切って種をていねいに取り除き、
薄切りにして水にさらす。
赤玉ねぎは薄切りにし、トマトは乱切りにする。
鍋を熱してココナッツオイルを入れ、
チリフレーク、クミンシードを加える。
赤玉ねぎを入れて炒め、しんなりしたら、
水気を切ったゴーヤとトマトを入れる。
塩をして強火で火が通るまで煮る。
塩味をととのえ、
仕上げにカレーパウダーを少々加えてさっとひと煮立ちさせる。

・トマトは完熟で固いものを選ぶ。

ライタ

トマト
きゅうり
赤玉ねぎ
コリアンダー
酸味の強いヨーグルト
粗塩

トマトときゅうりは小さな賽の目に切る。
赤玉ねぎは粗みじん切りにし、
冷水にさらしてからしっかりと水気をしぼる。
コリアンダーは粗く刻む。
ボウルにヨーグルトとすべての野菜を入れ、
よく混ぜて食べるまで冷やしておく。
供する前にコリアンダーと粗塩を加える。
器に盛り、コリアンダーの花を散らす。

- トマトは完熟で固いものを選ぶ。
- コリアンダーの花は手に入れば、でかまわない。
- ライタはインドやその周辺の地域で作られるヨーグルトと刻んだ生野菜、ハーブ、香辛料などを組み合わせたサラダのこと。

モロッコいんげんとキャベツのカレー

モロッコいんげん
キャベツ
玉ねぎ
にんにく
レモングラス
コリアンダーの根
シナモン
カルダモン
クローブ
赤唐辛子
チリフレーク
ターメリック
カレーパウダー
ココナッツミルク
ココナッツオイル
粗塩

モロッコいんげんは筋を取って乱切りにする。
キャベツは食べやすい大きさにちぎる。
玉ねぎは薄切りにする。
鍋にココナッツオイルを熱し、玉ねぎの薄切り、
つぶしたにんにく、レモングラス、コリアンダーの根、シナモン、
カルダモン、クローブ、赤唐辛子を入れてさっと炒める。
モロッコいんげんを入れて炒め、
さらにキャベツを加えて炒める。
粗塩をふり、チリフレーク、ターメリック、
カレーパウダーをふってふたをして蒸し炒めにする。
野菜にほどよく火が通ったら、
ココナッツミルクを注いでひと煮立ちさせ、
塩味をととのえる。

地きゅうりのカレー

地きゅうり
にんにく
シナモン
カルダモン
赤唐辛子
レモングラス
コリアンダーの根
ココナッツミルク
カレーパウダー
ココナッツオイル
粗塩

地きゅうりは縦半分に切り、皮と種を除いて角切りにする。
鍋を熱してココナッツオイルを入れ、
つぶしたにんにく、地きゅうり、シナモン、カルダモン、赤唐辛子、
レモングラス、コリアンダーの根、ココナッツミルク、
粗塩を入れて中強火で地きゅうりがやわらかくなるまで煮る。
カレーパウダーをふり、塩味をととのえる。

・地きゅうりは阿蘇の在来種のきゅうり。白瓜、冬瓜などで代用するとよい。

ビーツのカレー

ビーツ
にんにく
赤唐辛子
クローブ
チリフレーク
カレーパウダー
ココナッツミルク
ライム
ココナッツオイル
粗塩

ビーツが葉付きの場合は、葉も使うのでよく洗う。
葉は食べやすい長さに切り、根の部分は皮をむき薄切りにする。
鍋を熱してココナッツオイルを入れ、
つぶしたにんにくと赤唐辛子、クローブを入れてさっと炒める。
ビーツの葉と根を入れてさらに炒める。
チリフレークとカレーパウダー、粗塩をふる。
ココナッツミルクを少々加え、
ビーツがやわらかくなるまで煮たら塩味をととのえる。
ライムをしぼる。

・ビーツのかわりににんじんや赤大根を使ってもよい。

トマトのカレー

トマト
プチトマト
コリアンダーの実
にんにく
ココナッツオイル
粗塩

トマトはくし切りにし、プチトマトはへたをのぞく。
鍋を熱してココナッツオイルを引き、
コリアンダーの実とつぶしたにんにくを加えて香りを立たせる。
トマトとプチトマトを入れたらふたをし、中弱火でさっと煮る。
トマトの皮にうっすらと皺が寄りはじめたら、
煮くずれないうちに火を止め、粗塩をふる。

・トマト、プチトマトは完熟のものを使う。
・コリアンダーの実は乾燥のコリアンダーシードでもよいが、あれば生のものを使うと、格段に香りがいい。庭先やプランターにコリアンダーを植えておくと、葉を楽しんだ後には白い可憐な花が咲き、最後は緑色の実がなる。どちらも料理に生かすことができるので、ぜひコリアンダーの一生を見守りながら、様々に活用したい。

じゃがいものカレー

じゃがいも
赤玉ねぎ
カレーリーフ
青唐辛子
ターメリック
チリフレーク
ココナッツオイル
粗塩
こしょう

じゃがいもは皮をむき、
ころんとした食べやすい大きさに切って水にさらしておく。
鍋に入れ、ターメリックと粗塩をふり、水を注いで中弱火でゆでる。
ほどよいやわらかさになったら火を止め、余熱で火を通す。
別の鍋を熱してココナッツオイルを入れ、
赤玉ねぎの薄切りをきつね色になるまで強火で炒める。
カレーリーフ、刻んだ青唐辛子を入れてさらに炒める。
ゆで汁を切ったじゃがいもを加え、ターメリック、チリフレーク、
挽いたこしょうを入れてなじむまで炒める。

・じゃがいもはメークインなど、くずれにくい品種のものを使う。

野みつばサンボル

野みつば
赤玉ねぎ
ココナッツフレーク
レモン汁
粗塩

野みつばは、ごく細かいみじん切りにする。
赤玉ねぎは粗みじん切りにしてから冷水にさらし、しっかりとしぼる。
野みつば、赤玉ねぎ、ココナッツフレーク、レモン汁、粗塩をよく和える。

・スリランカでは「ゴトゥコラ」(和名は「ツボクサ」)という野みつばに香りが似た野草を使う。クレソン、香菜、ルーコラ、ミントなどの香草(1種類でも、数種類混ぜても)で作るとよいだろう。
・サンボルとはスリランカ語で「和えもの」を意味し、削ったココナッツの果肉や細かく刻んだハーブ、スパイスなどを混ぜて作る。

スパイスライス

米
レモングラス
カルダモン
シナモン
クローブ
塩

米を研ぎ、30分ほどざるに上げておく。
鍋に入れ、同量の水を注ぎ、ハーブとスパイス、塩を適量散らしてふつうに炊く。

・香り米ならば研がずにさっとゆすぎ、すぐに同量の水で炊く。

きゅうりの古漬けそうめん

きゅうりの古漬けそうめん

そうめん
〈めんつゆ〉
酒――¼カップ
みりん――¼カップ
しょうゆ――¼カップ
だし――1カップ
〈薬味〉
きゅうり
きゅうりの古漬け
しそ
オクラ
小ねぎ
酢漬けの青唐辛子
山椒の実

めんつゆを作る。
小鍋に酒とみりんを入れて強火にかけて煮切る。

しょうゆとだしを加えてひと煮立ちさせ、火を止める。
粗熱を取ってからよく冷やしておく。
薬味を準備する。
きゅうりは粗みじん切り、きゅうりの古漬けは短い千切りにする。
しそは千切りにしてから冷水にさらし、水気をしぼる。
オクラはへたをのぞいて粗みじん切りにする。
小ねぎは小口切りにする。
酢漬けの青唐辛子と山椒の実はみじん切りにする。
めんつゆをめいめいの鉢に注ぎ、薬味はそれぞれ小皿に盛る。
そうめんをゆでて流水でしっかりと洗い、大鉢に盛り、氷水を注ぐ。
各自でめんつゆに薬味を入れ、そうめんをつけて食べる。

・薬味に決まりはない。その日のテーマ、たとえば「緑」などを決めて、そろえてゆくと楽しい。
・たくさんの薬味で食べるのもいいが、すだちの皮だけをそうめんにすりおろして食べるのが好きだ。熊本が誇る「南関そうめん」はぜひ「すだちそうめん」にて食べたい。

水なすとブルーベリーのサラダ——

水なすとブルーベリーのサラダ

水なす――1個
ブルーベリー――1つかみ
みょうが――1個
新しょうが――小1かけ
バジリコ――1枝
すだち――1個
オリーブ油
粗塩

水なすはへたを切り落とし、手でひと口大に裂く。

みょうがと新しょうがはそれぞれ千切りにし、氷水に放ってからしっかりと水気を切る。

器に水なす、ブルーベリー、みょうが、新しょうが、バジリコの葉、すだちを盛り合わせる。

オリーブ油をまわしかけ、粗塩をふる。

すだちをしっかりとしぼり、やさしく和えてから供する。

・ブルーベリーのかわりに、いちじくや、さっぱりとした甘みの紫色のぶどうを組み合わせてもよい。
・新しょうがは好みで、入れても入れなくてもどちらでもおいしい。

とうもろこしのフリッタータ

とうもろこしのフリッタータ

とうもろこし——1本
卵——2個
レモン
オリーブ油
粗塩

とうもろこしは半分に折り、親指の第一関節を横に当て、
実を横に倒すようにして1粒ずつはずす。
どうしてもはずしにくい時や、
実をつぶしてしまった時は小さなナイフでなるべく根元から削り取る。
卵を割って塩をひとつまみふり、ざっと溶く。
フライパンを熱し、オリーブ油を底一面に引き、
とうもろこしの半量を炒める。
粗塩をふり、つやつやになったら卵を流し入れる。
へらで全体を大きく混ぜたら火を弱め、半熟になるまで焼く。
フリッタータの表面がまだ少しやわらかいくらいのところで火を止める。
残りのとうもろこしをオリーブ油とレモン汁、粗塩で和え、全体に散らす。

・とうもろこしはナイフで削り落とすと、中のジュースが出てしまうので、面倒でも親指の関節を使って1粒ずつ実を倒しては手ではずしていく。

・私の好きなとうもろこし料理＝「とうもろこしごはん」や「とうもろこしのポタージュ」の他、簡単でおいしいものを記しておく。

「とうもろこしのパスタ」パスタのゆで上がる一瞬手前でとうもろこしの実を一緒にさっとゆでる。ざるに上げて水気を切り、粗塩をふり、オリーブ油とパルミジャーノ・レッジャーノをかけて食べる。オリーブ油のかわりにバターでもよい。

「アボカドとうもろこし」とうもろこしの実をアボカドの種を取った穴にこんもりと盛る。刻んだみょうがをのせ、すだちをしぼり、オリーブ油と粗塩をふってスプーンで食べる。

「とうもろこしのみそ汁」煮立てただしにとうもろこしの実を放ち、みそを溶く。

オクラのトルコ風——

オクラのトルコ風

オクラ——約40本
新玉ねぎ——大1個
トマト——中4個
レモン——½個
オリーブ油
きび砂糖
粗塩

オクラはへたの先と萼のまわりを削り、粗塩をまぶす。
新玉ねぎは皮をむいて半分に切り、薄すぎない薄切りにする。
トマトはへたを取って半分に切る。
ふたのできる厚手の鍋にオリーブ油を引いて玉ねぎを散らし、
オクラをのせて平らにする。
トマトの切り口を下にしてオクラの上にのせる。
レモンをしぼり、オリーブ油をまわしかけ、
トマトだけに粗塩ときび砂糖を少々ふる。
ふたをして中火にかけ、音がしてきたらすぐに弱火にする。

すべての野菜にしっかりと火が通り、甘みや香りが十分に出ていたら火を止める。
トマトの皮をのぞいて果肉を軽くくずし、全体にならす。
煮汁の味を見て塩味をととのえる。

- オクラはなるべく小さくて、筋張っていないものを選ぶ。
- トマトは切った時に中まで真っ赤に熟れたものを使う。トマトがオクラの落としぶたがわりになり、レモンの酸味が全体をきりりと引き締め、ほんの少しだけ加える砂糖がやさしさを与えてくれる。
- ほんのり温かなうちも、常温でも、または冷たくしてもそれぞれにおいしい。
- 同じ調理法で、かぼちゃやピーマン、パプリカ、なすなどを煮るのも好きだ。火を通しているうちにじわじわと染み出てくる野菜の水分だけで立派なスープにもなり、驚くほどたくさんの野菜がするするとお腹におさまる。

けずり冬瓜のサラダ——

けずり冬瓜のサラダ

冬瓜
シークワーサー
オリーブ油
粗塩

冬瓜は半分に割り、種をスプーンで取りのぞく。
さらに実をスプーンでけずり、ざるに入れて水気を切る。
シークワーサーのしぼり汁、オリーブ油、粗塩をかけて供する。

・シークワーサーがない時は、すだちやかぼすでもよい。
・沖縄の市場で、「シブイ」の試食販売をしていた。沖縄の言葉でシブイ、つまり冬瓜を縦半分に切り、種を取って生のまま果肉を削ったものにドレッシングをかけて食べさせてくれた。冬瓜を生で食べたことがなかったので、半信半疑で試してみたところ、その食感の良さに目を見張った。以来、透き通るまで煮るのが定番だった冬瓜料理に、新たに「けずり冬瓜」が加わり、以来、冬瓜はめっぽう生で食べる方が好きになった。

薄く削るのと同様、透けるほどに薄切りにして使うのもおいしい。

・薄切りにした冬瓜のおいしい食べ方＝「冬瓜とオクラのサラダ」オクラの薄い小口切りと合わせてオリーブ油、青い柑橘の汁、粗塩で和える。

「冬瓜のみそ汁」煮立てただしでさっと煮て、みそを溶く。

「冬瓜とはやとうりと新しょうがの甘酢和え」冬瓜とはやとうり、新しょうがは同様に薄く切ってから海水程度の塩水に漬けておき、水気を軽くしぼって梅シロップ、米酢、赤唐辛子の小口切りで和える。

甘唐辛子のナムル——

甘唐辛子のナムル

甘唐辛子——５００g
松の実——大さじ２
赤唐辛子——１本
菜種油
ごま油
酢
粗塩
乾燥の実山椒

鍋またはフライパンに菜種油を引き、甘唐辛子を丸のまま入れる。
ふたをして中火にかける。
音がしてきたら、底から混ぜて、さらに蒸し焼きにする。
甘唐辛子がしんなりしたら火を止め、粗塩を振る。
炒った松の実の半量と赤唐辛子を加え、酢をまわしかけて蒸らしておく。
粗熱が取れたら、残りの松の実を半ずりにしたものと、
実山椒を挽いて加え、混ぜる。
最後にごま油を少々まわしかける。

・甘唐辛子にはいろいろな種類があり、ここではししとう、紫ししとう、伏見甘長唐辛子、ひも唐辛子を混ぜて使った。1種類でも、数種類混ぜてもどちらでもよい。ピーマンや赤ピーマンで作ってもおいしい。
・しっかりと蒸し焼きにするとへたや種もおいしく食べられる。
・私はナムルがとても好きで、種類を問わず様々な野菜でよく作る。野菜ごとに、生なのか、炒めるのか、ゆでるのかを考える。そして、ナッツや調味料、香味野菜、唐辛子の種類や量を変え、どうしたら野菜のおいしさをより引き出せるかを考えるのは、こよなく楽しい。

なすの梅焼き

なすの梅焼き

なす――大2本(中3〜4本)
梅干し――2個
酒――大さじ2
梅酢――大さじ1
しょうゆ――大さじ1
梅酒――大さじ1
糸削り
油

なすは、大ぶりに切り、水にさらしてあくを抜く。
水の色が透明になるまで水をかえ、ざるに上げて水気を切る。
フライパンに多めの油を入れて熱し、なすを入れてじっくりと焼く。
全体がやわらかくなり、ところどころこんがりとおいしそうな焼き色がついたら、
梅干しの果肉をたたいたものを加え混ぜる。
酒をふって火を強め、梅酢としょうゆを加える。
さらに梅酒をまわしかけて艶を出し、火を止める。
器に盛り、糸削りをふわりとかける。

・梅酒のかわりにみりんを使ってもよい。
・油は米油または菜種油を使う。
・梅干し、梅酢、梅酒について＝鍋もの、汁もの、和えもの、たれ、麺など、気がつけばあちこちに梅干しを入れている。さらに、梅酢は塩気と酸味の混ざった調味料として使う。サラダにはオリーブ油やごま油と和えるだけでもいい。炒めものに少したらせば、酸味と塩気を一度につけられてよいのだが、塩分が強いので使う量は慎重に。梅酒をみりんがわりに使うのも気に入っている。さわやかな甘みがつき、煮立てれば梅の強い香りも際立たないのがいい。
・ピーマンやかぼちゃなどの夏野菜や、揚げ豆腐や豚肉などで作ってもおいしい。

枝豆のミントバター——128

枝豆のミントバター

枝豆
ペパーミント
バター
粗塩

枝豆はできれば茎がついたまま、鍋に入る長さに切り、洗って粗塩をまぶす。
鍋底1センチほどの水を注ぎ、枝豆を入れる。
ふたをして強火で蒸しゆでにする。
一つ二つ、はじけてきたらすぐに火を止めてざるに上げる。
さやをはずし、薄皮はむかずにおく。
ソースを作る。
小鍋にペパーミントの葉を入れ、バターを入れてふたをし、弱火にかける。
バターにミントの香りを十分に移す。
皿に枝豆を盛り、ソースを漉しながらかける。
粗塩をふる。

- そら豆やアスパラガスで作ってもおいしい。ほのかに肉肉しい匂いのある野菜に、ミントバターはよく合う。
- パスタに和えたり、やわらかなオムレツに添えるのもよい。

焼きパプリカと干し果実のマリネ

焼きパプリカと干し果実のマリネ

パプリカ――4個
赤ワインビネガー
オリーブ油
〈ソース〉
松の実――大さじ2
干しぶどう――大さじ2
干しいちじく――中2個
ケッパー――大さじ1
ドライトマト――1枚
プチトマト――4個
にんにく――1かけ
赤唐辛子――1本
イタリアンパセリ
ペパーミント
赤ワインビネガー
バルサミコ
オリーブ油
粗塩

焼き網をガスコンロにのせ、軸を切り落としたパプリカを強火で炙る。転がしながら、全体がまんべんなく黒く焦げるまで焼く。焼けたら、鍋やボウルに入れてふたをし、冷ましておく。皮をむくが、パプリカそのものは水で洗わず、焦げた皮が手についてむきにくい場合は、手を濡らしながらむく。

開いて種をのぞき、大きく割いて焼き汁とともに皿に広げて盛る。

粗塩、赤ワインビネガー、オリーブ油をかけておく。

ソースを作る。

松の実は、余熱をせずに170度のオーブンで10分ほど、うっすら色づくまで焼く。

干しぶどう、干しいちじく、ドライトマトは、ワインビネガーを落とした水でやわらかくもどしてから、水気を軽くしぼり、小さく切る。

プチトマトは小さく切り、にんにくは、皮と芯をのぞいてつぶす。

ボウルに干しぶどう、干しいちじく、ケッパー、ドライトマト、プチトマト、にんにく、赤唐辛子を入れ、オリーブ油、バルサミコで和えておく。

供する前に松の実、粗く刻んだイタリアンパセリとペパーミントの葉、粗塩を加えて軽く和え、パプリカの上にまんべんなくかける。

・パプリカは赤、黄色、好みで。
・パプリカは、直火で炙るか、オーブンで焼くかで食感も甘みも変わってくる。強い甘みやとろけるような食感を生かしたい時にはオーブンで。一方、直火で炙ったパプリカは、ほんのりとした歯ごたえが残り、焼き汁がたくさん出ないので、いちごや魚介類、肉など存在感のある素材と合わせるのがいいように思う。
・この賑やかなソースは蒸したかぶ、大根、カリフラワー、焼いたなすやかぼちゃ、網焼きにした肉や魚にも合う。

赤玉ねぎの赤ワインビネガー漬け

赤玉ねぎ
赤ワインビネガー

赤玉ねぎはみじん切りにする。
ざるを重ねたボウルに入れ、冷水にさらした後、さらに流水にさらす。
水気をしっかりとしぼる。
瓶に入れ、赤ワインビネガーをかぶるくらいに注いでふたをする。

- 半日からひと晩おくと赤玉ねぎが美しい赤紫色に染まり、香りもなじむ。作ってから2日くらいまでが食べ頃で、あまりおくと玉ねぎの香りが強くなりすぎるので、1日、2日で食べ切る量を仕込むようにしたい。
- 使い方いろいろ＝トマトのサラダ、生の葉っぱのグリーンサラダ、ゆでた青い野菜のサラダ、焼いた赤身肉や青魚、生の魚介類、揚げ物や焼き野菜などに。

青唐辛子の酢漬け

青唐辛子
酢

青唐辛子は洗ってへたを手でつまむように取る。
しばらくざるに広げてから水分をしっかりと拭き取り、瓶にぎっしりと詰める。
好みの酢をかぶるくらいまで注ぎ、ふたをする。
1週間以上おき、青唐辛子の色があせてきたら使い始める。
冷蔵庫で保存し、酢が減ってきたら酢を足していくと、1年は十分に持つ。

- 香りや辛みを早く酢に移したい時は、青唐辛子を刻んで漬けるとよい。

・瓶のふたが金属製の時は瓶とふたの間にラップフィルムをはさんでおくと酸化が防げる（これは赤玉ねぎ、みょうがも共通）。私も以前は瓶で作っていたが、今はガラスのしょうゆさしに青唐辛子を入れ、酢を注いで保存しつつ、そのまま卓上にのせている。スプーンですくうよりも量が調節しやすいので、頻繁に使う方はぜひしょうゆさしで作ってみてください。
・使い方いろいろ＝外はこんがり、中は赤く焼いた赤身の牛肉や馬肉に。さば、いわし、あじ、さんまなど青魚のグリルに。中華風の和え麺や焼きそば、汁そばに。油を使った料理の隠し味に。焼きなす、トマト、きゅうり、ゆでたキャベツなどの野菜に粗塩とおいしい油とともにかけて。

みょうがの梅酢漬け

みょうが
梅酢

みょうがは縦半分に切り、傷みや泥があれば取り除く。
小口切りにし、冷水にさらして水気をしぼる。
瓶に入れ、梅酢をかぶるくらいに注ぐ。

・みょうがは傷みやすいので、庭でたくさん採れた時や、使い切れない時は漬けておくようにしている。
・使い方いろいろ＝トマトのサラダ、きゅうりのサラダ、大根のサラダ、冷や奴、冷たい麺、水餃子やわんたんのたれ、揚げ物や焼きそば、焼きうどん。
・刻んだ完熟トマト、つぶしたにんにく、酢、梅干しの果肉、ごま油、小口切りの小ねぎ、あるいは刻んだ香菜などと混ぜ、しゃぶしゃぶのたれの隠し味としても粋である。

焼き野菜

なす
赤玉ねぎ
かぼちゃ
ピーマン
オリーブ油
粗塩

〈青唐辛子のソース〉
バジリコ――10g
にんにく――少々
青唐辛子の酢漬け――2本
オリーブ油――50g
粗塩――小さじ½

なす、赤玉ねぎ、かぼちゃはそのまま、ピーマンはオリーブ油をまぶしてオーブンシートを敷いた天板にのせる。

250度に温めたオーブンで焼く。

ピーマンは10分ほど経ったところできれいな焼き色がついていたら取り出す。

その他の野菜はさらに20〜30分焼き、串がすっと通るようになったら取り出す。
そのまま冷ましておく。
青唐辛子のソースを作る。
バジリコは、茎と太い葉脈をはずす。
青唐辛子の酢漬けは小口切りにする。
材料をすべてミキサーに入れ、なめらかになるまで攪拌する。
なすはへたと皮をのぞき、大きく裂く。
赤玉ねぎは皮をむいて縦半分に切る。
かぼちゃは好みで皮をむき、種をスプーンで取る。
大鉢にすべての野菜を盛り合わせ、粗塩をふり、オリーブ油をまわしかける。
皿に取り分け、青唐辛子のソースをまわしかける。
赤玉ねぎの赤ワインビネガー漬け（138ページ）ともとても相性がいい。

・なすは大きく実のしまったもの、かぼちゃは小さいが重たいもの、ピーマンは実の厚いものを選ぶ。
・カラブリア州出身の料理人に習った「青唐辛子のソース」は、彼の地では暖炉で丸焼きにした野菜を食べる時に欠かせない。焼き野菜だけでなく、焼いた魚や肉、蒸し野菜、ゆでた肉や魚、ゆで卵、生の魚介類、生野菜など、何に合わせてもおいしい。

黒きくらげ炒め

白きくらげのしょうが酢和え

黒きくらげ炒め

黒きくらげ
にんにく
菜種油
ごま油
しょうゆ
こしょう

黒きくらげは食べやすい大きさにちぎる。
にんにくはつぶす。
フライパンににんにくと菜種油を入れ、弱火で炒める。
香りが立ってきたら火を強め、黒きくらげを入れて中弱火でじっくり炒める。
時どき裏返しながら艶々するまで炒め、
ぷーっとふくらんできたらしょうゆをまわしかける。
ひと混ぜして火を止め、ごま油を少々加え混ぜる。
器に盛り、こしょうを挽く。

・きくらげは、できれば生を手に入れて作ってほしい。生ならではのぷるん、とした食感が病みつきになる。
・熱々を間髪入れずに食卓へ運び、これまた熱々のごはんにのせると危険なほどに食が進む。おいしく仕上げるこつは潔くきくらげだけを炒めることと、潔くしょうゆだけで味つけをすることだ。

白きくらげのしょうが酢和え

白きくらげ
酢
しょうが
ごま油
粗塩

白きくらげは食べやすい大きさにちぎる。
湯を沸かして強火でゆで、ごくやわらかくなったらざるに上げる。
水気をしっかりと切り、酢、しょうがのしぼり汁、ごま油、粗塩でよく和える。
冷蔵庫で数時間よく冷やす。
供する前に味をみて、薄いようなら酢と粗塩を足して和える。

・生きくらげはすぐに火が通るが、よくゆでるととろーんとした、不思議で、でも魅力的な食感が生まれる。
・酢は、きび酢または米酢が合う。
・生きくらげは、黒白のいずれも味がのりにくいので、やや強めに味つけをしておく。

れんこんずし

れんこんずし

米――1カップ
酒――大さじ1
昆布――5㎝の長さ
〈合わせ酢〉
酢――¼カップ
塩――小さじ½
てんさい糖――小さじ½
〈具〉
れんこん――ごく小さいもの2節(約100g)
新しょうが――大1かけ
みょうが――2本
金ごま――大さじ2

米は研ぎ、ざるに上げて30分ほどおく。

鍋に入れ、酒、米と同量の水（酒の分は減らす）、昆布を加えてふたをして強火にかける。

煮立ったらごく弱火にし、12分炊く。

最後に5秒強火にし、火を止めて10分蒸らす。
米を炊く間に、合わせ酢の材料を混ぜておく。
具を作る。
新しょうがは皮をこそげて千切りにし、塩と酢少々を入れた湯でさっとゆでる。
水気を切り、合わせ酢を大さじ1ほどまぶしておく。
れんこんは皮をむいて薄切りにし、酢水につける。
新しょうがをゆでた湯でゆでる。
ほどよい歯ごたえになったらざるに上げ、合わせ酢大さじ1をまぶしておく。
みょうがは千切りにしてから冷水にさらし、水気を切っておく。
金ごまは、香ばしく炒る。
飯台に炊きたてのごはんをあけ、昆布をのぞいて合わせ酢をまわしかける。
うちわであおぎながら、しゃもじで切るようにして混ぜる。
ほぼ混ざったら、れんこん、新しょうが、金ごまを加えて混ぜる。
器に盛り、みょうがを天盛りにする。

- れんこんだけ、たけのこだけ、ふきのとうだけ、というように、繊細な香りや食感の食材はあえて他の具と組み合わせずに作ると、そのおいしさがより引き立つように思う。
- れんこんは、細めのものを選ぶと愛らしい断面を生かすことができるので、今日はれんこんのおすし、という日には、市場にほっそりしたものを探しに行く。

蒸し里いも・柚子こしょうみそ——

蒸し里いも・柚子こしょうみそ

小さな里いも
みそ
柚子こしょう

里いもはきれいに洗い、蒸籠に重ならないように入れて強火で蒸す。ごくやわらかく蒸し上がったら、蒸籠ごと食卓へ運ぶ。熱々のところで各自、皮をむき、好みのみそと柚子こしょうを少しずつつけて食べる。

・塩やしょうがじょうゆももちろんいいが、みそと柚子こしょうの組み合わせはなぜだか蒸した里いもによく合う。

揚げごぼうの豆豉炒め——

揚げごぼうの豆豉炒め

ごぼう――――2本
にんにく――――1かけ
豆豉――――小さじ1
赤唐辛子――――1本
塩
こしょう
油
粗塩

ごぼうは皮をよく洗い、
食べやすい大きさの乱切りまたは斜め切りにして酢水につける。
ざるに上げ、水気をしっかりとふく。
揚げ油を中火で熱し、ごぼうを入れる。
きつね色になるまで揚げたら、網に上げて油を切る。
にんにくはつぶし、豆豉と赤唐辛子はみじん切りにする。
フライパンに揚げたごぼうを入れ、
にんにくと豆豉、赤唐辛子を加えて炒める。

からりとするまで炒め、たっぷりのこしょうを挽き、
味をみて塩気が足りないようならば、粗塩をふる。

・油は米油や菜種油を使う。

・ごぼうは、みそ汁もいい。さっと水にさらしたたたきごぼうを、香りのよい菜種油で炒め、昆布といりこのだしを注いで煮立てる。あくを引いて火を弱め、やわらかくなるまで煮たら、赤みそにほんの少しだけ淡い色のみそを混ぜて溶く。あとはじっくり弱火で熱々になるまで温めて、椀にふたすくい。そして、新しょうがの千切りをたっぷりと。青山椒を挽いてもいいだろう。

・私は、ごぼうをつい台所の片隅でしわしわにさせてしまうことが多い。農家から届けてもらっている野菜の箱の中に、新聞紙で巻かれた何やら太い棒状のものをみつけたら、むむ、ごぼうか……と意を決して料理する。作ってしまえば、ああ、ごぼうってなんておいしいんだろうと思うのに、土に覆われたごわごわした姿を見るとつい身構えてしまう。ちょっと厄介な野菜である。

水前寺菜の蒸し煮

水前寺菜の蒸し煮

水前寺菜
オリーブ油
赤ワインビネガー
粗塩

水前寺菜は葉と茎に分け、洗って冷水につけておく。
きれいになるまで水をかえ、ざっと水分を切る。
茎、葉の順に鍋に入れ、オリーブ油をぐるり、
赤ワインビネガーを少々まわしかける。
中強火にかけ、煮たってきたらざっと混ぜる。
生々しさがなくなったら、ほどよい食感が残るくらいで火を止める。
粗塩をふって器に盛る。

・水前寺菜は、熊本では「ひご野菜」の一つとして数えられているが、金沢では「金時草」、沖縄や鹿児島では「ハンダマ」と呼ぶらしい。そして、台湾では「紅鳳菜（ホンフォ

ンツァイ）」という名前で市場に並んでいるのを見かける。火を通すと独特のかすかなぬめりが出るので、和えものや汁ものに入れても食感が楽しいが、油が加わることでさらに魅力が生かされると思う。

・水前寺菜のすごいところは、葉を取った後の軸を土に挿しておくと、恐るべき生命力でどんどん脇芽を出し、延々と元気な葉をつけてくれることだ。そういうわけで、一度買って土に挿しておけば、二度と買わなくてすむので、ああ今日は青い野菜がないなあという時に重宝している。

・コップに水を張って軸を挿しておいたら、次第にたくさんの葉がしげってきた。私はそのまま、観葉植物としても楽しんでいる。

焼きビーツ——

焼きビーツ

ビーツ
オリーブ油
バルサミコ
赤ワインビネガー
粗塩

ビーツは丸ごと焼き皿にのせ、220度のオーブンで焼く。
芯に串を刺して抵抗なく通るようになったら取り出す。
器にそのまま盛り、各自で皮をむき、
オリーブ油、バルサミコ、赤ワインビネガー、粗塩をかけて食べる。

・ゆでたビーツの泥臭い香りはあまり得意ではないが、丸焼きにすると泥臭さを感じなくなるので好きだ。生だとあんなに固いのに、熱と時間の力で芯までやわらかくなると、鮮やかなマゼンタの絵の具のような焼き汁がほとばしり、予想外のほくほくとした、かつジューシーな食感に驚かされる。

・焼きビーツの食べ方いろいろ＝バーニャカウダ（にんにくとアンチョビのソース）をかけて。塩漬けのケッパー、赤玉ねぎの薄切り、ミントを散らし、オリーブ油とワインビネガーをかけて。赤玉ねぎの赤ワインビネガー漬けと。

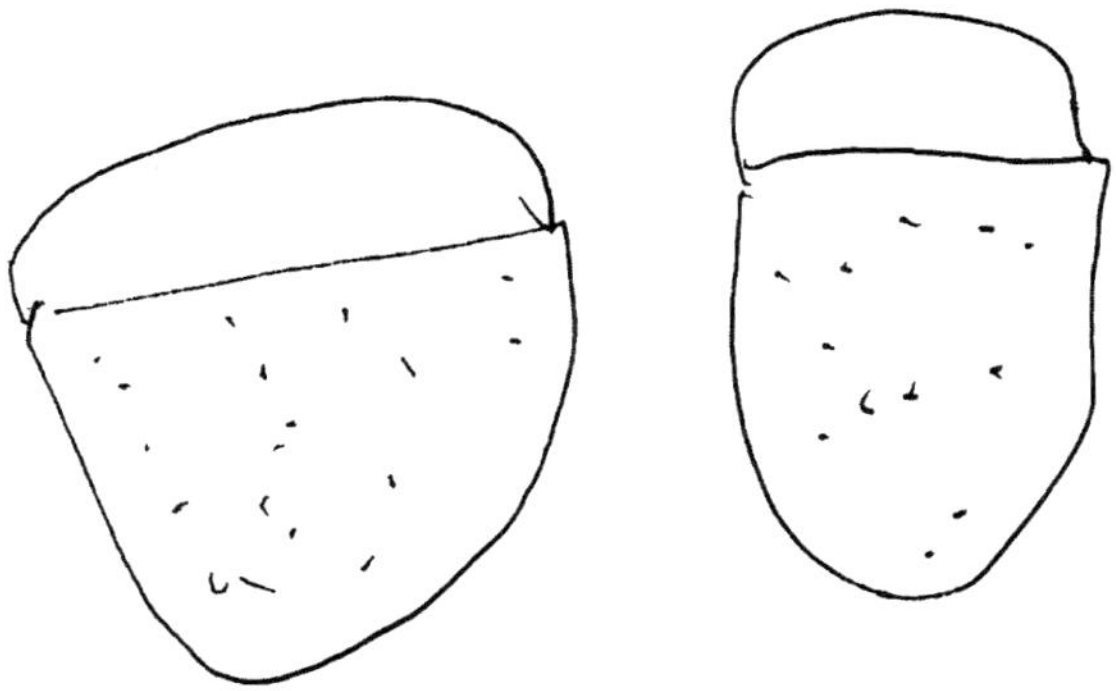

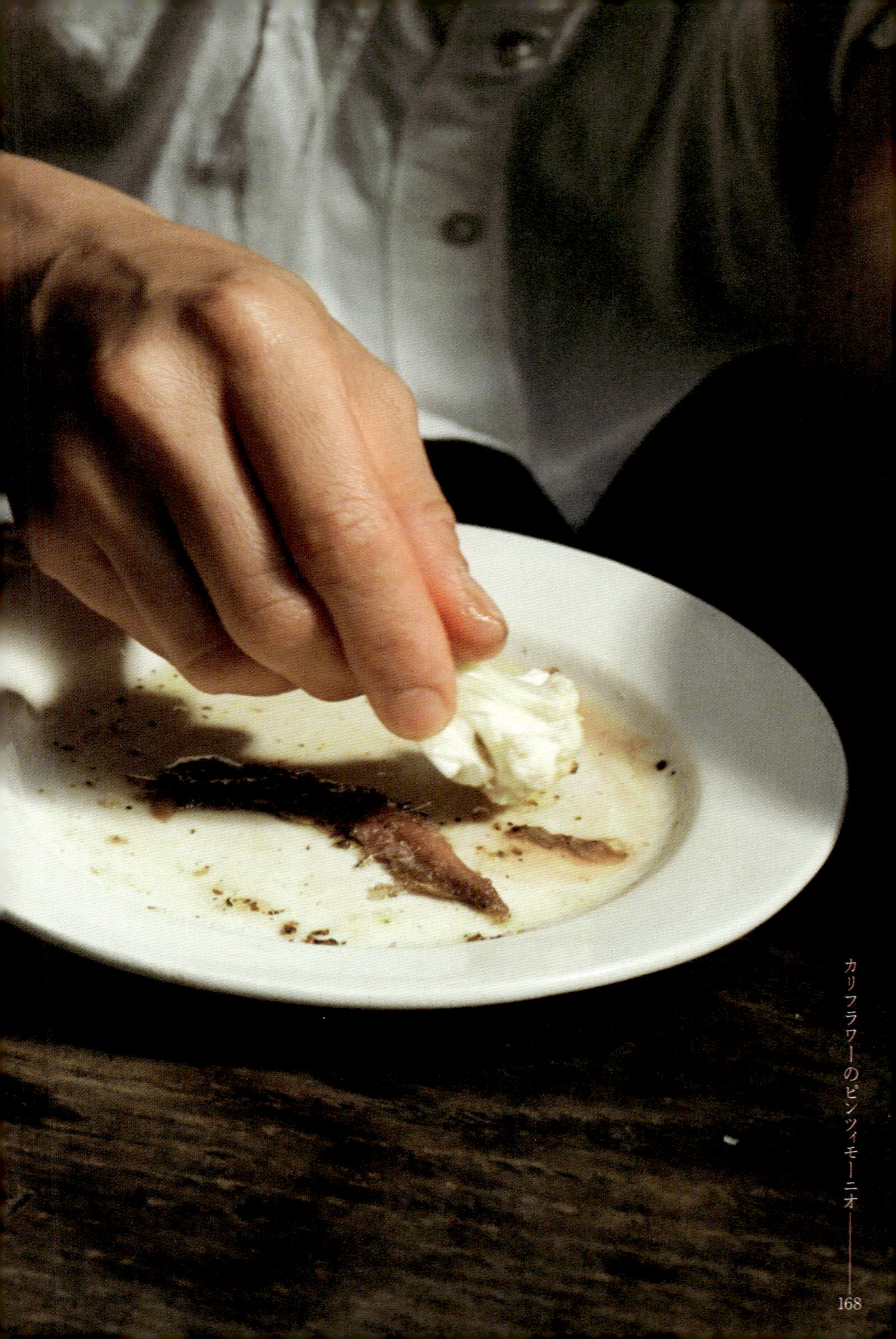

カリフラワーのピンツィモーニオ――

カリフラワーのピンツィモーニオ

カリフラワー
オリーブ油
赤ワインビネガー
アンチョビ
こしょう
粗塩

カリフラワーは花の部分がしっかりと閉じ、固くて張りがあるものを選ぶ。
固い葉は外して洗い、たっぷりの冷水につけておく。
供する前に水から上げ、小房に分けて器に盛る。
各自の小皿にアンチョビを盛り、こしょうを挽き、
オリーブ油と赤ワインビネガーをたらす。
カリフラワーをつまんでアンチョビをつぶし、
調味料とともにぐるぐる混ぜながらつけて食べる。
好みで粗塩を加えてもよい。

・ピンツィモーニオ＝生野菜を好みでいろいろと取り揃え、オリーブ油と塩、好みでワインビネガーやこしょうを小さな器に入れ、野菜を手でつまんでぐるぐると混ぜて味をつけながら食べる。しぼりたてのオリーブ油の香りを楽しむのにも、採れたての野菜のみずみずしさを味わうのにもぴったりだ。

・色とりどりの野菜をあれこれ盛り合わせるのもいいが、私はひとつの野菜をとことん味わいたいので、今日はカリフラワー、今日はういきょう、というように、その日の飛び切りの野菜を心を込めて用意する。あとはおいしい調味料が揃えば、これほど贅沢な野菜料理もないように思う。

・アンチョビはその時々であってもなくてもよい。

・最初は塩とオリーブ油、次に赤ワインビネガー、さらに好みでこしょう、そしてアンチョビと足していくのも味の変化が出てよいだろう。

おいものコロッケ——

おいものコロッケ

里いも
さつまいも
じゃがいも
バター
小麦粉
卵
パン粉
油
粗塩

いも類は蒸し器に入れて、芯までごくやわらかくなるまで蒸す。
蒸し上がったものから取り出す。
熱いうちに皮をむいてそれぞれボウルに入れ、すりこぎなどでつぶす。
つぶし方は好みで、なめらかになるまでつぶしても、
少し食感が残るくらいにつぶしてもよい。
それぞれ粗塩でうっすらとした塩味をつけ、バターを少々入れて香りをつける。
それぞれひとにぎりずつ手に取り、空気を抜きながら好みの形にまとめる。

小麦粉、溶き卵、パン粉の順に丁寧にまぶす。
鍋またはフライパンに揚げ油を入れて中火で熱し、揚げる。
こんがりと色づいたら途中で一度裏返し、もう片面もこんがりと揚げる。
紙を敷いた網に取り、皿に盛り、粗塩をふる。

・コロッケの形は、もとのおいもの形に似せてまとめるようにしている。揚がってしまえば、こんがりと色づいて、「あれ、どのおいもだっけ」とわからなくなってしまうから、目印という意味でもこの作業は欠かせない。
・かりかりの衣とおいもの風味そのものを味わうために、拳の中におさまるくらいの大きさに丸める。
・パン粉は、田舎パンまたは食パンを挽いて作るとおいしい。
・好みでソースやしょうゆをかけてもよい。

焼きいもと唐辛子のフォカッチャ——

焼きいもと唐辛子のフォカッチャ

さつまいも――200g

〈生地〉

強力粉――250g

天然酵母ドライイースト――2g

水――150g

オリーブ油――25g

粗塩――5g

〈仕上げ〉

ドライトマト――15g

韓国産赤唐辛子――小さじ1

クミンシード――小さじ1

ごま――小さじ1

粗塩

オリーブ油

さつまいもは、濡らした新聞紙とアルミホイルで包み、
焚き火あるいは180度のオーブンで約1時間、芯がやわらかくなるまで焼く。

ボウルに強力粉とドライイーストを入れてよく混ぜる。
中心をくぼませて、水、オリーブ油、粗塩を入れる。
中心から混ぜていき、ひとまとめにする。
台の上に移して表面がなめらかになるまでこねたら丸くして、
オリーブ油を塗ったボウルに継ぎ目を下にして入れる。
おおいをして温かいところで約1時間、倍の大きさになるまで発酵させる。
ガス抜きをしてオーブンシートを敷いた天板にのせ、
指の腹でまんべんなくつぶしながら、2センチ厚さの好みの形にのばす。
オリーブ油を表面全体に塗る。
倍の高さになるまで30分ほど、温かいところで発酵させる。
焼きいもは皮をむき、ひと口大にちぎってオリーブ油と粗塩少々をまぶす。
焼きいもを生地全体にまんべんなく散らし、押し込む。
霧を吹き、220度に温めたオーブンで約15分、きつね色になるまで焼く。
ドライトマトをフードプロセッサーで粗く挽き、韓国赤唐辛子、
クミンシード、粗塩を加えてさらに挽く。
焼きたてのフォカッチャに赤い粉を散らし、オリーブ油をかけ、粗塩をふる。

・千切りのじゃがいもとごま、クミンシードをのせて焼くのもいい。

カネコ式青菜炒め——

カネコ式青菜炒め

季節の青菜
にんにく
しょうが
油
塩

青菜は洗って固いところがあれば落とし、たっぷりの冷水につけておく。
にんにくはつぶし、しょうがは千切りにする。
中華鍋または深めのフライパンを熱して、
油を全体にうっすらかかるように引く。
にんにくとしょうがを中火でさっと炒める。
強火にし、水気をざっと切った青菜を入れてさらに炒める。
混ぜずにしばらく強火のままでおき、
下のほうがしんなりとしてきたところではじめてかき混ぜる。
かさが減ってきたら塩をふり、もうひと混ぜして皿に盛る。

・青菜はほうれん草、小松菜、青梗菜などの定番以外に、水前寺菜、山東菜、つるむらさき、高菜、芥子菜、クレソン、春菊など季節ごとにおいしいものを選ぶ。
・青菜は炒めるとかなり縮むので、たっぷりと用意する。
・油は、菜種油、米油、オリーブ油などを好みで選ぶ。好みで仕上げにごま油を少し加える。
・葉と軸の固さが異なる青菜の場合は、それぞれを分けておき、固い軸をまず炒めてから葉っぱを入れるとよい。
・青菜に限らず、レタスやキャベツ、白菜などをちぎって作ってもおいしい。

春菊麺

春菊
細うどん
菜種油
酢、しょうゆ、豆板醬、辣油など好みの調味料

春菊はたっぷりと用意し、洗って冷水につけておく。
水気をしっかりと切り、ごく細かい小口切りにする。
細うどんをたっぷりの湯でゆでる。
その間に菜種油を小鍋に入れて弱火で熱しておく。
1本食べてみてほどよい固さになっていたら、
ざるに上げてざっと湯を切る。
温めた鉢にうどんを盛り、春菊をのせる。
煙が出るまで熱した菜種油をかけ、各自で好みの調味料を加え、
よく混ぜて食べる。

・細うどんは、五島うどん、島原うどん、氷見うどんなど表面がつるりとしたものを。
・酢は、きび酢・米酢・青唐辛子酢など好みのものを選ぶ。
・春菊と言えば、すきやきや冬の鍋物には欠かせない名脇役だが、春菊のかくも濃く、鮮やかな香りを主役にするのが好きだ。やわらかい葉先だけをおいしい油と酢と粗塩であえたサラダや、春菊のナムルなど。また、春菊をゆでてから刻んでパスタの生地に練り込み、さらにゆでた葉をオリーブ油と塩でなめらかなペーストにしてかける「春菊のパスタ」も忘れられない。

小松菜のサラダ——

小松菜のサラダ

小松菜
酢
油
粗塩

小松菜は根から一枚ずつはがしてよく洗う。
外側の大きな葉は除け（火を使う料理に使う）、
芯に近いやわらかい部分をたっぷりの冷水につけておく。
全体がぴん、としたら水気を切り、
さらに野菜の水切り器などを使ってよく水気を切る。
ごく小さい葉はそのまま切らずに、
それ以外はざくざくと食べやすい長さに切る。
好みの酢、油、粗塩の順に入れながらやさしく手で和える。

・青菜を料理する時は、まずは根元から一枚ずつ葉をはがして綺麗に洗う。次に加熱して使う分と、生で食べる分とに分ける。芯に近くなってくると、いかにもやわらかそうな色白の小さな葉があらわれるが、これがサラダにぴったりなのである。

・酢は米酢、ワインビネガーなど、油はオリーブ油、ごま油、えごま油など、好みで。

・冬場は、きゅうりやレタス、トマトなど、いわゆるサラダのための野菜が少なくなるが、サラダ好きとしては寒い時期にも山盛りのサラダは欠かせない。季節外れのサラダ用の野菜よりも、旬の青菜に目を向けよう。芯に近い小さな葉は、やわらかくて風味も抜群だ。特に冬の青菜は少しぴりりとした風味があるものも多く、ただ油と酢と塩で和えるだけなのに、いや、それだからこそ、印象的なサラダになる。

ヤーコンのきんぴら

ヤーコンのきんぴら

ヤーコン
赤唐辛子
酢
しょうゆ
菜種油
ごま油
金ごま

ヤーコンは皮をむいて千切りにする。
フライパンを熱して菜種油を入れ、
赤唐辛子を丸のまま入れて中強火でヤーコンを炒める。
よく混ぜながら炒め、水分が飛んでしんなりとしたら、
酢としょうゆをまわしかけて味をととのえる。
火を止めて、ごま油と、炒ってから半ずりにした金ごまをたっぷりと加え混ぜる。

・おいしく作るこつ＝炒めている時に出てくるヤーコンの水気を手早く飛ばすこと、また、炒めすぎてやわらかくなりすぎないようにすること。かといって、半生ではなく、きっちり火を通さないとヤーコンの濃い甘みが出ない。

・酢は、ヤーコンに限らず、きんぴらの仕上げに入れるとすっきりとした味わいになるので欠かせない。

・金ごまは、多すぎるかなと思うくらいの気持ちでたっぷりと入れるとよい。風味がよくなるのはもちろんのこと、器に盛った時に水っぽくならない。

自然薯のリゾット

自然薯のリゾット

米――1カップ
セミハードチーズ――60g
白ワイン――¼カップ
バター――40g
〈ブロード〉
鶏ガラ肉――1羽分
セロリ――1本
玉ねぎ――1個
にんじん――1本
ねぎ――1本
粒こしょう
粗塩
〈仕上げ〉
自然薯――140g（正味）
卵――1個
ヘーゼルナッツのブランデー、
または香りのよい蒸留酒――あれば少々

ブロードを取る。
鶏ガラ肉は脂や血合いをのぞいて洗い、鍋に入れる。
水をたっぷりかぶるくらい注ぎ、強火にかける。
あくを取ったら、適当に刻んだ香味野菜と粒こしょう、粗塩を加えて火を弱める。
静かにふつ、ふつ、というくらいの火加減を保ちながら、あくを取りつつ煮る。
2時間ほど煮て、味をみて、十分な旨味が出ていたら火を止める。
漉し器あるいは厚手のキッチンペーパーを敷いた網で漉し、鍋に入れて火にかける。
チーズは薄切りにしておく。
自然薯は皮をむいてすりおろし、卵を割り入れ、
泡立て器でふんわりするまでよく混ぜる。
ブロードとは別の鍋を熱してバターの半量を入れ、
ほぼ溶けたら米を加えてやさしく炒める。
パチパチと音がしてきたら、白ワインを加えてアルコールを蒸発させる。
熱いブロードをかぶるくらいに加える。
鍋底を時々やさしく混ぜながら、
米の表面が見え始めたら再びかぶるくらいにブロードを加えることを繰り返し、
米がアルデンテの一歩手前になるまで煮る。
チーズと残りのバターを加えて火を止め、塩味をととのえる。
器に盛り、自然薯卵をかけ、ヘーゼルナッツのブランデーをひとたらしする。

かぶのクリームシチュー

かぶのクリームシチュー

かぶ――中4個
鶏もも骨付き肉――中2本（小4本）
ハーブいろいろ
ねぎの青いところ――1本分
バター――10g
白ワイン――½カップ
生クリーム――½カップ
粗塩
こしょう

かぶは葉を切り落とし、切り口に十字の切り込みを入れておく。
鶏もも骨付き肉は脂身を丁寧に取り、粗塩をまぶしてしばらくおく。
ふたのできる厚手の鍋を熱してバターを溶かし、中火で鶏肉を皮目から焼く。
きれいな焼き色がついたら裏返して、もう一面も焼く。
かぶを丸のまま、お尻を上にして鶏肉のまわりに入れる。
白ワインを入れて煮立て、ハーブとねぎを束ねたものをのせる。
水をひたひたに注ぎ、煮立ったらふたをして弱火で煮る。

薪ストーブの上やオーブン（160度）でじっくりと蒸し煮にすると、鶏肉もかぶもふんわり煮えてさらにおいしい。

鶏肉が骨からはずれるくらいまでやわらかくなったら、塩味をととのえて生クリームを加え、火を止める。

好みでこしょうを挽く。

・かぶに限らず、鶏肉のクリームシチューと相性のよい野菜はいろいろある。玉ねぎ、下仁田ねぎ、じゃがいも、カリフラワー、里いも、ゆりね、栗など。野菜の種類を一つだけにし、肉にも、野菜にも、同じだけの存在感を。
・ハーブはタイム、ローリエ、フェンネル、オレガノ、マジョラム、セージなどが合う。

白菜の黄色蒸し

白菜の黄色蒸し

白菜――――――――――¼株
サフラン―――――――ひとつまみ
くちなしの実―――――1個
赤唐辛子――――――――1本
オリーブ油
粗塩

白菜は、1枚ずつはがして冷水につけておく。
サフランとつぶしたくちなしの実は小さな器に入れ、
ひたひたの水につけて色を出しておく。
白菜を食べやすい大きさにちぎり、厚手鍋に入れる。
サフラン、くちなしの実をつけ水ごと入れ、赤唐辛子を加える。
オリーブ油をゆっくりぐるりとまわしかけ、粗塩をパラパラとふる。
ふたをして中火で蒸し炒めにし、
白菜の繊維にも水分が行き渡るまでしっかりと火を通す。
塩味をととのえ、火を止める。
できたての熱々でも、粗熱をとって味がなじんでからでも、それぞれにおいしい。

紅白大根のマリネ

大根
赤大根
にんにく
オリーブ油
柑橘のしぼり汁
粗塩

大根は1センチの輪切りにして蒸気の立った蒸し器に入れ、強火で蒸す。

蒸す時間は大根によるが、串がすっと通るくらいまで火を通す。

蒸し器から取り出して、重ならないように皿に盛る。

大根が熱いうちに、薄く切ったひとひらのにんにくでやさしくなでるようにして香りをつける。

柑橘のしぼり汁を少々かける。

オリーブ油をたらし、指先で表面にまんべんなくぬる。

粗塩をふって供する。

・大根はごくやわらかく蒸すと、はっとするような風味が生まれる。種類別に蒸し加減を変えてみるのもいいだろう。
・赤大根にもいろいろと種類があるが、ここでは「紅くるり」という中まで真っ赤なものを使っている。
・柑橘は柚子、レモン、完熟のかぼすやすだちなど、爽やかな酸味があるものを好みで選ぶ。かわりにワインビネガーを使ってもよい。

ほうれん草飯——

ほうれん草飯

米――――――――――――――1カップ
ちぢみほうれん草―――――200g
鶏の蒸し汁―――――――――大さじ1
鶏油――――――――――――小さじ2
菜種油
塩

米は研いでからざるに上げ、30分ほどおく。
同量の水を入れて炊く。
炊き上がったら10分ほど蒸らす。
ちぢみほうれん草を小口に刻む。
フライパンに菜種油を熱し、ほうれん草を強火で炒める。
塩で味をととのえ、鶏の蒸し汁、鶏油を加え混ぜる。
火からおろし、蒸らしたての熱々のごはんを加えて混ぜる。

・鶏の蒸し汁＝鶏の皮と脂、しょうがの皮、ねぎの青いところを合わせて蒸し、液体を漉したもの。

・鶏油＝「卵の帽子をかぶった芽キャベツの腐乳炒め」（27ページ）の項参照。

・ふつうのほうれん草や他の青菜でもできるが、肉厚で甘みが強く、香りも濃いちぢみほうれん草の魅力を知ってしまうと、そうそう浮気はできない。炊き込みごはんでもなければ炒飯でもないこのごはん、ちぢみほうれん草を見かけたらぜひ作ってみてほしい。

ねぎの蒸し煮と卵マヨネーズ——

ねぎの蒸し煮と卵マヨネーズ

ねぎ
卵
オリーブ油
赤ワインビネガー
粗塩

〈マヨネーズ〉
卵——1個
塩——小さじ½
油——150g
オリーブ油——30g
酢——大さじ1
レモン汁——大さじ½

好みの方法でマヨネーズを作る。
泡だて器で作る場合は、室温に戻した卵と塩をボウルに入れ、よく混ぜる。
油をはじめは1滴ずつ加えて混ぜ、乳化してきたら次第に増やしてゆく。
最後に酢とレモン汁を加え混ぜる。

ミキサーで作る場合は、油以外のすべての材料を容器に入れ、油を少しずつ加えながら攪拌する。

ハンディブレンダーで作る場合は、すべての材料を容器に入れてスイッチを入れ、しばらくは動かさず、乳化したら上下させてなめらかになるまで攪拌する。

半熟卵を作る。

卵は常温に戻したものを沸騰した湯に入れ、中火で時々転がしながら静かに6分ゆでる。

すぐに流水に取って冷まし、殻をむく。

ねぎの蒸し煮を作る。

ねぎは斜め切りにし、平鍋に入れる。

オリーブ油、粗塩、水をひたひたに加えてふたをし、中火で蒸し煮にする。

ねぎに少し汁気が残るように煮上げる。

赤ワインビネガーを加え、火を止めてしばらくおいて味をなじませる。

ねぎをスープ皿に盛り、煮汁をかける。

半熟卵をのせ、卵をおおうようにマヨネーズをかける。

- 霜が当たった後に甘みを増した下仁田ねぎや、甘みの強い太めのねぎで作るとよい。
- マヨネーズに使う油は、米油またはしらしめ油を主とする。オリーブ油は良質で香りがよいものに限る。酢は米酢または赤ワインビネガーを使う。

高菜のしゃぶしゃぶ

高菜
豚肉薄切り
高菜漬け
しょうが
にんにく
ねぎ
唐辛子
酒
ごま油
酢
粗塩

高菜は1枚ずつはがすように洗い、しばらく冷水につけておく。
大きな葉は食べやすい長さに切り、芯に近い小さな葉はそのまま残しておく。
鉢に花を生けるように盛る。
卓上に出す鍋に高菜漬けの芯、しょうがの薄切り、つぶしたにんにく、
ねぎの青いところ、唐辛子を入れ、水とたっぷりの酒を入れて火にかける。

煮立ったら火を弱め、様々な香りが出てきたら中のものを取り出す。

高菜漬け、しょうが、ねぎはそれぞれみじん切りにしておく。

鍋を卓上に出して弱火にかけながら、高菜と豚肉を各自でしゃぶしゃぶにする。

めいめいの器にごま油、酢、高菜漬け、しょうが、ねぎ、粗塩を入れて、つけながら食べる。

・豚肉は、わが家ではバラ、ロース、肩ロースの3種類を用意して、食感のちがいを楽しんでいる。
・高菜漬けは、塩だけで漬けたものを選ぶ。できれば古漬けがよりよい。
・酢はきび酢または米酢、好みで青唐辛子酢（138ページ）も合う。
・卓上に出す熱源はカセットコンロが一般的だが、アルコールランプを使うと肉がふんわりと柔らかく煮える。

塩

塩が好きで、私はふだん、ほとんどの料理を塩だけで味つけしている。しょうゆやみそをはじめとする発酵調味料には、強いうまみや香りがあり、きちんとした原料、きちんとした製法で作られたものは、それ自体がとても〝おいしい〟と思う。だから、私が発酵調味料を使うのは、主の食材そのものの風味を楽しむというよりは、調味料と食材がからみあった、独特の味や香りを楽しみたいと思う時に限っている。調味料がもつ〝おいしさ〟を加えずに、食材自体の味、香り、色などをそのまま引き出すことができるのは塩以外にないと考えている。

いろいろな国の、さまざまな種類の塩が出回っている中で、これぞという塩に出会うのは難しく感じるかもしれないが、まずは塩そのものをなめてみて、甘み、塩気、粒の大きさや食感、砕けやすさ、溶けやすさなど、いろいろなものを自分の舌の上で味わってみるといい。それから、火を通す料理、通さない料理、漬け塩、ふり塩など、それぞれの料理に合わせて、どの塩をどんなふうに使えばいいのかを考えてみよう。塩には賞味期限がないから、まずは気になるものがあれば少しずつ買ってみて、日々、いろいろな使い方を試してみてはいかがだろうか。使っていくうちに、次第に定番として残るものが決まってくると思う。

私自身も、長らく、旅をするたびに各国各地の塩を買ってみては試してきた。自分が暮らす場所によって、入手しやすいものも変わってくるので、さまざまな塩を使ってきたが、現在、日常的に使っているのはフランス、イギリス、スペイン、日本の海塩である。台所には二つの塩専用の引出しがあり、一つは、ガスコンロのすぐ近くに、日常的に使う塩をそれぞれ形の違う壺や瓶に入れて保存している。保存容器の形を変えておけば、忙しい料理の合間にも容器の形からすぐに相性のよい塩を選び出せるからだ。ちなみに現在はフランス・イル・ド・レの塩、フランス・ゲランドの塩、スペイン・アニャナの塩、イギリス・東イングランド・エセックス地方の塩、日本・鹿児島の塩を愛用している。

もう一つは、旅先で求めた塩、おみやげなどでいただいた塩をパッケージのまま収納する引き出し。時折、気分を変えたい時や、新しい塩のおいしさを求めたい時に試すようにしている。

いろいろな塩を試してみるとわかってくると思うが、生産国が同じでも、作られた場所や生産者によって、塩の味や使い勝手は大きく異なる。どの塩をどんな料理にどんなふうに使うかについては、塩そのものをなめ、いろいろな使い方をしているうちに決まって来ると思う。まずは塩そのものに興味をもち、塩を愛することこそが、塩の使い方を知る出発点ではないかと考えている。

油

洋風の料理にはオリーブ油またはバター、和風やアジアの料理には米油、菜種油、ごま油、椿油、えごま油、ココナッツオイル、ラードなどを使っている。原料を圧搾し、濾過しただけの、素材本来の心地よい香りがする油には、炒めたり揚げたりするための〝油分〟としてだけではない役割がある。焼いただけ、蒸しただけ、ゆでただけの野菜を、香りのよい油とおいしい塩と組み合わせてみよう。極上の油ならば、サラダや和えものに加えたり、スープにたらせばはっとするような香りのアクセントになる。

また、素材にたっぷりと絡ませて時間をかけて加熱すると、素材だけとも、油だけの香りとも異なる、新たな濃い香りや、信じられないほどの旨味を引き出すことができる。素材から出てくる水分と香り豊かな油分の混じり合った液体は、一種の〝だし汁〟のようだと感じることも多く、そういう意味で私は良質の油は〝だしの素〟になると考えている。

私が料理を初めて〝学んだ〟国イタリアでは、オリーブ油の使い方に目を見張るものがあり、それまで何となくからだに悪いもの、できるだけ取らない方がいいもの、と考えていた油への考え方ががらりと変わった。そして、イタリアに暮らしながら、自分自身でも料理をし、さらに日本に帰ってきてからも料理をし続けているうちに、良質な油であれば、むしろ他に旨味や香りを添加することなく、素材そのもののよさを存分に際立たせられるということがわかった。

とはいえ、油を変えると印象が大きく変わる料理もあれば、さほど変わらないものもある。まずはいくつか自分の料理と相性のよい良質の油を試し、使っているうちに淘汰されていけばいいと思う。なお、油は体に負担がかからないようになるべく良質なものを選び、酸化を防ぐために熱や日光の影響を受けない場所で保存するようにしたい。

甘み

素材そのものの自然な甘みを味わいたいので、料理にはほとんど甘みを加えないようにしている。まずは糖分を加えずに、どうしたら素材が本来もっている甘みを引き出せるかを考える。

そして、隠し味程度に、また料理によってどうしても必要だと思う場合のみ、きび砂糖、黒砂糖、本和香糖、和三盆、みりん、梅酒、梅シロップ、ヴィンコット（イタリアで古くから作られている糖度の高いぶどうの汁を煮詰めて作る調味料）などでやわらかな甘さを加えることもある。

酸味

五味（甘辛酸苦塩）のうち、私が一番好きな味は〝酸〟だ。もちろん他の味があっての酸味ではあるが、酢や柑橘、梅干しなどの酸味は私にとってはなくてはならないものである。

酢は洋風の料理には香り高いワインビネガーを使う。以前はシャンパンビネガーやシェリービネガーなども使っていたが、いまはイタリアの樽熟成の赤ワインビネガーが気に入ってほとんどの料理に使っている。白っぽい食材の料理には白ワインビネガーを使うという考え方もあるが、私は色を生かすよりも赤ワインビネガーだけがもつ、強い酸味と香りが好きで好きで仕方ないので、基本的には赤ワインビネガー一辺倒である。加えて、ぶどうの果汁を年月をかけて木樽で熟成させて作るバルサミコは、濃い甘みと酸味がからみあった調味料として、じっくりと火を通した野菜のアクセントに使うことが多い。

和風やアジアの料理には米酢、きび酢、黒酢、梅酢などを使っている。すっきりとした酸味にしたい時は米酢、ほんのりとしたこくのある酸味がほしい時はきび酢や黒酢（これらは日本産か台湾や中国産かでもまったく味わいが異なるので、料理によって使い分ける）、塩味と強い酸味を添えたい時には梅酢、という感じでどの酢を使うかを考える。さらに唐辛子や玉ねぎ、柑橘などを漬けた酢も料理を香りよく仕上げるのには欠かせない。また、レモン、かぼす、すだち、柚子、シークワーサーなどの柑橘の汁も、料理に使う食材との相性を考えてさまざまに使うようにしている。

香り

食材そのものあるいは調味料の風味の他に、料理に新鮮な香りをつけるのに、ハーブとスパイスは欠かせない。使いすぎはかえってよくないこともあるが、あまり難しく考えずに、自分がいい香りだな、と思うハーブとスパイスがあれば、いろいろと使ってみるのがいいのではないだろうか。

ハーブは新鮮な生のものと、乾燥のものはまったく別物だと考えた方がいい。私が乾燥を使うのは、シチリア産のオレガノだけで、あとはすべて生のものを使っている。もし家に庭やベランダがあれば、ぜひ気に入ったハーブを育ててみてほしい。自分で育てると、使いたい時に新鮮な状態で使えるのはもちろん、ほんの一時ではあるが蕾や花を使う幸運にも恵まれる。さらに、種が採れればそれをスパイスとして使ったり、翌年のために蒔いたりすることもできるからだ。何より、ハーブが生き生きと根を張り、美しい葉を茂らせる様子は見ているだけでも幸せな気持ちになる。私は台所の勝手口を出たところをはじめ、庭のあちこちにさまざまなハーブの苗を植えているが、料理をしている最中にぱっと閃いて外に飛び出し、相性のよさそうなハーブを咄嗟に選ぶ瞬間ほど料理をしていて楽しいと思う時はない。

世界中を見渡せば数限りないハーブがあり、数限りない使い方がある。トマトとバジリコの組み合わせに代表されるような、各地で長い時間の中で培われた使い方には、有無を言わせぬ相性があり、それを踏襲するよさは確実にあると思う。ただ、たまに気分を変えてまったく違うハーブを試してみたり、わざわざお店に買いに行かずに庭に生えているハーブを使ってみると、新しい香りの発見につながり、料理の幅がぐんと広がることがある。たとえば、エスニックの料理でよく使うコリアンダーを洋風の料理に生かしてみる、など。とはいえ、やみくもに使うよりは、たとえばセージはいも、乾燥の豆、肉類に、など、大まかな相性を知っておくことは大切だ。

ハーブ使いが上手になる近道は、とにかく香りのよいハーブを手に入れ、まずはその香りをからだ一杯に吸い込んでみることだと思う。そして、ハーブが好きになれば、あとは躊躇せずにどんどん料理に取り入れてみる。使っているうちに、何をどのくらい使えばいいのか、刻むのは手か包丁かはさみか、刻む大きさは？生で入れるのか加熱するのか？といった、ハーブ使いのこつもわかってくるにちがいない。

ハーブを植える場所がない、ハーブを売っているお店が近くにないという方は、日本古来から薬味として使われてきた香りのもの（みょうがやしそ、木の芽など）や、香りの強い野菜の葉っぱ（セロリなど）に目を向けてほしい。無理に乾燥のハーブを使うよりもかえって香りよく仕上がることもあるのだから。

スパイスの使い方は、ハーブよりもまたさらに難しいと思う。あまりたくさん揃えて使い切れないうちに香りが失せてしまってもいけないので、自分が本当に好きな香りのもの、料理に使えそうなものだけを選ぶのがよいと思う。

ハーブにしろ、スパイスにしろ、レシピにとらわれずに、自分流に食材との相性を考えて使ってゆくうちに、それぞれのハーブやスパイスへの理解がより深まってゆくだろう。

香りは、料理の究極の化粧だと思う。あえて香りをつけない料理もよいが、うまく使いこなせば、料理が別嬪に生まれ変わる。どちらを選ぶかは、料理する人それぞれであり、どう感じるかは食べる人それぞれだろう。

――ふきのとうのおかゆ

新しい年を迎え、躑躅《つつじ》の垣根や栗の大木の下にふきのとうがひっそりと顔を出し始めたある日、電話が鳴った。年末に、早々と庭に生えてきたたけのこをお送りした方からのお礼の電話だった。いつも、我が家のたけのこをこの上なく喜んでくださるので、初物を必ずお送りしているのだが、一緒に箱に入れたふきのとうについて話が及んだ。そのとき教えていただいたのが「ふきのとうのおかゆ」である。

話を聞いているそばから居ても立ってもいられなくなり、電話を置くなり庭にふきのとうを摘みに行く。外に一歩出ると、まだ凍てついた空気に身が縮まるが、土の中からは微かに春の気配が漂っていて、目を凝らすとふっくらと膨らんだふきのとうがそこかしこに見つかった。うっすら臙脂色がかった少し分厚い衣を纏い、中には淡いうぐいす色の薄衣が重なるようにして、小さいながらも豊かな曲線を描いている。

いくつか摘み取り、両手のひらの中で優しく包むようにして台所に持ち帰る。さっそく教えていただいた通りに作ってみる。「お湯から米を炊く?」「こんなに短い時間でおかゆができるのかしら?」半信半疑で私は土鍋を覗き込む。

出来上がったおかゆは、米がほとんどふくらんでおらず、ごくうっすらと白濁した汁と米がまったく絡み合っていない。食べてみると、米にはくっきりと芯が残っており、おかゆ独特のとろけるような感じもない。しかし、半透明の汁に染み出た野の香りとほろ苦さが、鼻と喉をくすぐるこの心地よさはなんだろう。いつもなら許されないはずの米の芯すらも、歯と歯の間に当たる感触が気持ちいい。

早春の、まだぎゅうっと閉じた小さなふきのとうだけにある香り。それを味わうのに、これ以上の料理があるだろうか。

本格的な春が訪れると、我が家の庭は辺り一面ふきの葉でおおわれる。少し前までその蕾を懸命に探していた我が身を思い出して可笑しくなるが、ふきのとうのおかゆを拵える喜びは、新春だけのものだなあとあらためて思うのである。

――神戸風お好み焼き

神戸出身の友人が家に泊まった折、「今日は私がお好み焼きを作ります」と言って、神戸風のお好み焼きを用意してくれた。それまでは、お好み焼きは好物というほどではなかったのだが、彼女のお好み焼きを食べてすっかり虜になってしまった。神戸を訪れた時にも、おいしいお店に連れて行ってもらったり、お好み焼き名人の彼女のお母さんに華麗な焼き技を披露していただいたりしているうちに、いつしか私にとって、お好み焼き＝神戸風が定番となった。

とはいえ、正真正銘の神戸流であるはずはなく、だんだんと自己流になっている。しかし、お好み焼きは我が家で最も登場回数の多いお客さま料理の一つとなり、誰かが遊びに来ると、「お好み焼きしましょうか」となる。とにかくひとりでも多くの友に食べさせたい。それほど、私はこのお好み焼きに惚れ込んでいる。しかも、食べた人は必ずその魅力に取りつかれるのである。

具は、最初は豚といか、ねぎ、キャベツ、にらの定番の五種を用意していたが、そのうちたんぱく質は豚ばら肉だけになり、野菜は定番の三種に加えて、その時々あるものを刻んでは試してみている。

中でも一番おいしいと思ったのがまだ皮の柔らかな新玉ねぎで、これは全国のお好み焼き好きの方にはぜひ試していただきたい。ロメインレタスと新玉ねぎの相性も素晴らしかった。火の入ったレタスはとろり、新玉ねぎはよりみずみずしく甘くなり、思わず踊り出したくなる素敵な組み合わせだ。他には、少々焦げやすいがセロリの葉もなかなかの相性である。一年を通して、お好み焼きが一番おいしいのは、冬の終わりから春にかけて、ねぎ、キャベツ、になどお好み焼きに欠かせない野菜がもっともみずみずしく、やわらかな頃だと思う。

神戸ではぴりりと辛味のきいたソースを合わせるようだが、うちでは無添加の中濃ソースにしょうゆを混ぜたソースをかける。甘みがしょうゆできりりと引き締まり、お好み焼きによく合うのである。お客さんにも、必ずと言っていいほど「このソース、どこのですか？」と聞かれる。青のりは、神戸の友人はかけていなかったが、熊本では海辺でおいしい青のりが採れるので、近頃うちでは最後にひとふりするようになった。

気づけば神戸風を飛び越えて完全に我が家風になったお好み焼きだが、それでも作る時には、神戸の友人の手さばきを思い出し、この素晴らしいお好み焼きのルーツ・神戸に敬意を表することを忘れないようにしている。

——カルチョーフィの丸煮

世界にあまたある野菜の中で、何が一番好きかと問われたら迷わず「カルチョーフィ」と答える。日本では英語名の「アーティチョーク」として知られているが、私がこの野菜の洗礼を受けた国はイタリアで、彼の国では「カルチョーフィ」と呼ばれている。シチリアの怪しげな通りにある食堂で、あるいはパンテッレリア島の石造りの家のテラスで食べた炭焼きのカルチョーフィ。マルケの小さな町にある坂の途中の食堂で、初夏になると巨大な平鍋にたっぷり作るカルチョーフィとそら豆の蒸し煮。プーリアの田舎町の家で教えてもらった小ぶりのカルチョーフィの軽やかな酢漬け、もはや血のつながりを超えて心を寄せたトスカーナの母がしばしば作ってくれた、ゆでただけのカルチョーフィ、あるいはたっぷりの油で揚げ焼きにしたカルチョーフィを少しの卵でとじたカルチョーフィのフリッタータ(平たい卵焼き)。思い余ってカルチョーフィで小さなレシピ集を一冊書いたことがあるくらい、私のカルチョーフィへの愛は強い。

このカルチョーフィの丸煮は、酢漬けを教えてもらったプーリアの家で、自家菜園で育てたカルチョーフィのおいしさを私に知らせるために、お父さんがお母さんに命じて作らせたものだ。

カルチョーフィといえば、強い「あく」で爪の間が真っ黒になるのを防ぐために、まず半割りのレモンを手にこすりつけ、とげとげした萼《がく》をむき、中に繊毛が生えていればペティナイフで丁寧に取りのぞく、厄介といえば厄介な下ごしらえだが、慣れてしまえばそう難しいことではない。

ただ、この摩訶不思議な野菜をはじめて料理する人には、丸ごと蒸すか、この丸煮にするのがいいのではないかと思う。まず、鍋に入れるだけなので皮をむいたり手が黒くなったりしなくてすむ。さらには、多少蕾が開いていたり、中に繊毛が生えていても、よほど育ちすぎていない限りは、おいしく食べられるのである。むいたものを料理したら見向きもしなかった我が娘は、シチリアで食べた丸焼きのカルチョーフィのおいしさを覚えていたようで、この丸煮を出したら一人前に蕾を小さな前歯でしごいて食べる。ついには萼の一番おいしいところにオリーブ油と粗塩をかけ、それはそれは幸せそうな笑みを浮かべて平らげた。

ところで、カルチョーフィを食べた後のお楽しみ、それは水が驚くほど甘く変身することである。カルチョーフィを食べてから飲む水の甘さは、ちょっとした媚薬入りの液体を飲んでいるようだ。

日本でも少しずつではあるが、カルチョーフィの魅力を知る人も、栽培する農家も増えてきているようだ。いつの日か玉ねぎやじゃがいものように市場に並ぶ日が来ることを、切に願っている。

——キャベツのケーキ

母の得意料理の一つに「ザワークラウトもどき」というものがある。キャベツをざくざくと切り、サラダ油で炒めて塩と酢をふるだけなのだが、酸っぱいものが好きな母と兄と私は、この酸っぱいキャベツ炒めを好んでよく食べた。ザワークラウトもどきは、朝食や日曜日のブランチなどにもよく登場したが、とりわけ「ソーセージとハムの夕べ」において、その真価を発揮した。

私が小学校に上がるまで、生家の近くにあったドイツ風のソーセージやハムを売る店で、時々ソーセージやハムを見つくろって買ってきては夕飯に食べた。幼い私のお目当ては、ピスタチオやオリーブなどが練り込まれたアスピック状のハムで、昔も今もハムそのものは好物ではないのだけれど、ただそのきらきらと透き通った塊の中に、様々な色がちりばめられている様子が好きでたまらなかった。隣りのパン屋でロールパンもねだって買ってもらい、夕食の時間を待つ。いかにも朝食風の献立を夜に食べるのがうれしくて、野菜スープとロールパンとともに、この至極簡単なキャベツ料理をたっぷり食べると、何とも豊かな気持ちになった。洋風料理が得意でなかった少女時代、唯一うれしかった異国情緒溢れる献立だったと記憶している。

時を経て、私が本物のザワークラウトに出会ったのは大学生の頃である。受験勉強もなく、のんびりと過ごしていた高校時代、暇つぶしに始めたドイツ語の勉強に夢中になった。大学に入ってからもドイツ語の勉強に明け暮れ、夏休みには南ドイツの小さな町に語学研修に出かけた。その時、語学学校主催のバーベキューで出されたのが正真正銘のザワークラウトだった。母が言うところの温かい「ザワークラウト」とはまったくの別物で、白っぽく、独特の強い発酵臭と酸味が際立っている。外気で冷えきったそれをひと口食べて、酸っぱいのとそれまで嗅いだことのない臭いに飛び上がった。二十年間「ザワークラウト」だと信じていたものはいったい何だったのだろう? 私は、ソーセージや肉を焼く煙がもくもくと立ち上る中で、ひとり、呆然と立ち尽くした。

前置きが長くなったが、詰まるところ、私は真のザワークラウトよりも、母のザワークラウトもどきが好きだった。キャベツに油と酢が絡んだ味がたまらなく好みなのである。いっとき、毎日のようにキャベツをちぎってからさっとゆでては、酢と塩と油で和えて鉢一杯食べていたこともあったし、台湾や中国に出かけ、食堂の献立に「炒高麗菜」(キャベツ炒め)の名を見つけたら必ずと言っていいほど注文する。

春キャベツをさくさくと刻んで生で食べるのもいいが、春のキャベツも冬のキャベツもしっかりと火が通ったものに魅力を感じる。「キャベツのケーキ」は、このごく日常的な野菜を晴れ舞台に出してあげたいという思いから生まれたもので、ナイフとフォークで切り分けながら口に運ぶと、つい背筋がぴん、と伸びる。

――そら豆わんたん

長らく、わんたんよりだんぜん水餃子、と思っていた。しかし、台湾は花蓮《ファーリエン》で名物のわんたん（彼の地では「扁食《ピエンスー》」と呼ぶ）を食べてから、俄然わんたんが好きになった。本場のわんたんは皮やあんのおいしさもさることながら、スープや浮き身に至るまで工夫があって感心した。市場で買ったわんたんの皮は、明らかに日本で売られている皮と食感も風味もちがう。スープのなかで透ける皮を眺めながら熱々を頬張っていたらあまりのおいしさに今までわんたんを食べずに生きてきたことを少し後悔した。

昨春、鹿児島の親友の家にしばらく滞在させてもらった折、鹿児島のおいしい豚肉と若くて小さなそら豆があったので豆をむき、松本の友人が地元の製麺所で買ってきてくれたわんたんの皮で包むことを思いついた。

肉を刻み、次々と包んでゆく。そら豆も豚肉もねっとりするまではたたかず、あえて粗く刻むので少し包みにくいが、それでもそら豆の初々しい翡翠色が美しくて、自然と心が弾む。念のため、香味野菜と豚肉だけを包んだ定番風のわんたんも作ったが、軍配は一同「そら豆わんたん」に。

そら豆でラヴィオリや春巻きもよく作るが、いずれも、皮を齧った時に匂い立つ独特の香りや、目の前をぱっと明るく照らす鮮やかな色は、他の野菜では味わえないものだと思う。なんとも愛しい存在である。

ゆでアスパラガス

娘を授かってからというもの、それまで年に何度も通っていたイタリアは遠い場所となってしまった。が、娘の五歳の誕生日を機に久しぶりに帰ることを決めた。見ず知らずの私を見守り、育ててくれた人たちに、私が産み、育てている娘に会ってもらいたい一心で、旅に出た。北から南、中部から北への忙しい旅であったが、久しぶりのイタリアで、しかも娘と来られたことがうれしくて、本当にいろいろなものを食べた。

その中で、いちばん印象に残っているのは、ただゆでただけのアスパラガスだった。ある日の午後、トスカーナの友人を訪ね、丘へアスパラガスを摘みに連れだって出かけた。「森のアスパラガス」と呼ばれる野生のアスパラガスは、春のほんのいっときだけの恵みなので、そのタイミングにアスパラガスがこよなく好きな娘を連れてこられたのは、幸運だったたと思う。

私が暮らしていた頃はまだ中学生だった女の子が、いまはすっかりシニョリーナになり、年上のボーイフレンドと仲睦まじく、私たちを春の丘へと連れ出してくれる。かつて、イタリアの人たちが教えてくれたように、「この細いとげとげした葉っぱの下にアスパラガスが生えているのよ」と、私が得意げに娘に教えると、娘は小さな手でその指の太さほどの芽吹きを真剣に摘んでゆく。のびるもあちらこちらに顔を出していて、可憐な花々を眺めながら、ぶどうの蔓で編んだかごに次々と摘んでは入れてゆく時間が愛おしい。

かごからはみ出るほどたくさんのアスパラガスを抱えて、大満足で家に戻ると、肉屋を営む彼女の両親が私と娘を迎えるために夕食を用意してくれていた。客間の食卓には綺麗にアイロンがかかった白いリネンのクロスがかけられており、かつては家族用の食堂で一緒に食事をしていたことを思うと、私も急に背筋が伸びる。

その夜は、ここぞというお祝いの時には必ず登場する、肉屋自慢のビステッカ(フィレンツェ風のティーボーンステーキ)を焼いてくれた。付け合わせはゆでたカルチョーフィだった。私の大好物だということを覚えていてくれて、「全部ひとりで食べるなよ」といたずらっ子のような瞳で私をからかう家長にならって、食卓を囲む家族みなが上機嫌でフォークを伸ばす私を見守っている。

あ、そういえば、アスパラガスは……と思ったところで、青々とゆであがったアスパラガスが私と娘の前に置かれた。「これは二人で食べてね」トスカーナの丘の香りよいオリーブ油が皿の底にたっぷり溜まるくらいかかっている。つやつやと青緑色に光り輝くアスパラガスは、丘の上で見ていた時とはまたちがった色を帯び、立ち上る匂いにむせ返る。その一皿は、肉汁の滴る巨大な牛肉を前にしても、また、その旅で食べた他のどんなご馳走よりも、くっきりとした輪郭を私の心に残した。もっと、もっとと、あどけない口に頬張ろうとする娘の心も、きっと同じように感じていたにちがいない。

春、市場で、細いアスパラガスが束になっているのを見つけると、つい手に取ってしまう自分がいる。そして、あの春の森で、娘と並んで胸一杯に吸い込んだイタリアの匂いを憶うのだ。

——トマト納豆鍋

日本民藝館へ、韓国の先生による器の講義を聴きに行ったことがある。肝心なお話の内容はうろ覚えなのだが、話の最後に先生が教えてくださった「納豆鍋」は、二十年近くの時が流れたいまも、繰り返し作っている。

「にんにく、しょうが、ねぎを刻んで油で炒め、豚肉を炒め、納豆をねばりがなくなるまでひたすら炒める。あとは、キャベツか白菜、豆腐、きのこなど好きな具材を入れて塩をふり、水を注いでぐつぐつ煮る」というものだ。コツは、とにかく納豆をよく炒めること。糸が引かなくなるくらいまで炒めると、納豆はもはや納豆ではなくなり、こくを出すための特別な存在になる。そもそも韓国では「清麹醤（チョングッチャン）」という大豆の発酵食品で作るものなのだろうが、日本の納豆でも十分においしくできる。

キムチも唐辛子も入らないので、一見すると韓国がルーツとは思えない鍋だが、とにかく友人、家族に評判がよく、みな作り方を知りたがるので、「実は昔、日本民藝館で韓国の先生に……」という話が始まるのである。

東京では教えていただいた通りに作っていたが、熊本ではそれぞれの野菜のおいしさをより引き立たせたいと思うようになって、段々と具材の数が減っていった。冬に、これは素晴らしいと思ったのはオレンジ白菜の納豆鍋だ。年明けに出回る全体が黄みがかった甘みの強い白菜と豚肉だけを入れて作った納豆鍋は、いつになくやさしい味だった。

ねぎや白菜、キャベツというと、春が終わる頃には固くなってきてしまうので、そろそろ納豆鍋の季節も終わりか……と思っていた今年の初夏、ふとひらめいたのが「トマト納豆鍋」だ。具をトマトだけにして作ってみたらどうだろう？　これが大正解で、間違いなく、この夏の最多出場料理となった。不思議と何度作っても、何度食べても飽きがこない。大人も子供も、男も女もみな好きになるので、気をよくしていったい何回作ったことだろう？　今年はトマトの旬が終わるのがいつになく寂しかったのは、ひとえにこの料理に心底惚れてしまったからであろう。

納豆鍋の日は、ナムルをいくつか作り、ごはんを炊き、こくが出るまで煮ておいた鍋を卓上に運んで、コンロで煮ながら食べる。汁物として食べるほか、キャベツやレタスなどの青物をちぎり入れ、さっと煮ながら食べるのもとてもおいしい。娘はこの鍋の大ファンだが、トマト納豆鍋を作ると言うと、必ず「キャベツを入れてね」と言うくらい、旨味たっぷりのトマトの煮汁で煮たキャベツは魅力的だ。

納豆をたくさん入れるので、納豆嫌いの人には敬遠されそうだが、よくよく炒めているうちに、納豆独特の匂いはなくなってしまう。私の三人の納豆嫌いの友人もこれはおいしい、と気に入って食べてくれたので、納豆好きはもちろん、納豆だけはどうも……という方にも、ぜひ一度作っていただきたいと思う。

——我流スリランカカレー

「亜衣ちゃんはきっとスリランカの料理が好きなんじゃないかなあ」

世界中を旅する写真家の友人の一言で、スリランカへの憧れが募った。

「私が滞在したホテルがね、季節によってアーティストレジデンスになって、そこがすごく素敵なのよ。庭も建物も素晴らしいんだ。一度ぜひ行ってみるといいよ」

私がきっと好きだというスリランカの料理、そしてまったく想像もつかない、未踏の地の美しい建物と豊かな自然。ずっと気になりながら、なかなか旅の機会をつかめずにいた。その間にも、敬愛するスリランカの建築家の写真集を眺めては、いつか、きっと、と願いを込めた。

そして、ようやくこの春、料理好きの友人たちを誘って、約一週間のスリランカの旅が実現した。コロンボの空港からチャーターしておいたバスに乗り、若き運転手アミラさんと私たちの旅は始まった。最初の夕飯から、ホテルのダイニングに案内され、「いやいや、こういうところじゃなくて、もっと地元の人たちが行くようなところに」と言えば、「鶏肉は好き?」と聞かれ、「嫌いじゃないけれど」と答えれば、世界中に店舗を持つフライドチキンの店に連れて行かれそうになる。「いや、もっとスリランカらしいものが食べたいんです!!」と右往左往して、ようやく店先の鉄板でロティ(小麦粉などをこねた生地を鉄板で焼いたもの)やごはんを炒める小さな食堂に入ることができた。

ふつう、スリランカで車をチャーターすると、運転手とガイドが一緒で、名所旧跡を案内してくれるようだが、私たちのお目当ては「料理」。特に日本語が話せる必要はありませんと伝えていたので、片言の英語でしか意思疎通ができないアミラさんに、スリランカ料理への熱い思いを理解してもらうのはそう簡単ではない。でも、毎日朝から晩まで食べることばかりに瞳を輝かせる私たちにずっと付き添っているうちに、アミラさんもようやくどこに連れて行けば私たちが喜ぶのかを心得てくれたようだった。

さて、私には料理の他に、もう一つ大きな旅の目的があった。スリランカの南の地に佇む、私がずっと恋い焦がれてきた建築家の理想郷をこの目で見ることだった。現在はホテルとして開放されているその場所は、写真家の友人が滞在したというアーティストレジデンスそのものだったのだが、シナモンの樹が茂る丘や、白い花を咲かせるプルメリアの大木など、スリランカの自然に寄り添いながら、独特の美意識が貫かれた建築は、光と影、そして西欧とアジアの交錯が身もだえするほど美しい。

優雅なホテルでの朝食も三日目を迎え、「そろそろ、もっと土着の、スリランカらしいものを食べたいねえ」とみなで話していた時、アミラさんが「僕が昨日泊まった宿のお母さんの料理はおいしいよ」と教えてくれた。一同目を輝かせ、料理上手と噂のお母さんの宿へ急ぐ。そこは、私たちが泊まっていた、スリランカの美を結集したような優美なホテルとはうってかわって、自宅の何部屋かを旅人に貸して、家の台所で作った料理でもてなす、いわば民宿であった。大きな車で乗り付けた私たちを、丸い瞳をさらに丸くして輝かせ、満面の笑みで迎えてくださったクムドゥさんは、少女のようなあどけなさをたたえた、可愛らしい女性で、私は一目で彼女が好きになった。

　庭で採れた孔雀椰子の実にストローを刺したものを私たちひとりひとりに差し出し、にこやかに、そしてちょっと恥ずかしそうに迎えてくれる。アミラさんは、日本の料理好きの一行がスリランカらしい朝食を食べたがっていると話しておいてくれたようだった。台所に通されると、材料の入ったボウルがすでにきれいに並べられ、実演の準備がととのっている。手際よく、丁寧に説明も交えながら用意してくださったスリランカ風の朝食は、期待していた以上に興味深いものばかりで、心躍る。ココナッツロティ（小麦粉とココナッツミルク、ココナッツの実を削ったものを混ぜて焼いたもの）やワデー（水でひたした豆をつぶし、香味野菜やスパイスを混ぜて揚げたもの）、ココナッツサンボル（ココナッツの果肉とエシャロット、ゴトゥコラ——和名＝ツボクサ。アーユルヴェーダでは若返りのハーブとされている——をライムの汁とチリで和えたもの）などなど、料理が次々と出来上がってゆく。

　朝食は、シナモンや孔雀椰子の木が生え、地面にはゴトゥコラなどの香草が一面をおおう、緑の庭を見渡すテラスのテーブルでいただく。料理を運んでくださるクムドゥさんは、私たちの歓声を聞くと本当にうれしそうに微笑み、ああ、彼女は根っからの料理好きなんだなあとわかる。私も自分が作った料理を「おいしい」と声に出して、笑顔で食べてくれることが何よりもうれしいからだ。

　クムドゥさんの作る料理は、混沌とした風味の料理も多かったスリランカの旅の中で、香りも味もひときわ鮮明で、すっかり私たちを魅了した。その証拠に、朝食をいただいた当日、クムドゥさんの家から車で二時間以上もかかる海辺の町に移動することになっていたが、翌日の昼食にはまた戻ってきて料理を教えてもらう約束をしっかりと取りつけた。そして、その料理の数々は、クムドゥさんが持たせてくれた自家製のスパイスを使って、日本に帰ってきてからも何度も繰り返し作っている。

とはいえ、スパイスや香草の類は日本では揃わないものも多いし、主な素材も日本とスリランカではかなり違う。そんなわけで段々と自己流になり、しまいにはだいぶ「妄想」で彩られたクムドゥさん風のスリランカ料理を作るようになった。でも、庭にしつらえた食卓に色鮮やかな料理の数々を並べ、ぎこちなさは残るけれどスリランカの人々に倣って手を使って食べていると、またあの南の地に戻ったような気がして、クムドゥさんの優しい瞳が脳裏に浮かぶのだ。

——甘唐辛子のナムル

しばらく旅が続くと、家で、自分の作る料理が食べたくなる。そんな時に決まって頭に浮かぶのは、夏場ならば甘唐辛子あるいはピーマンの蒸し焼きである。ピーマンや甘唐辛子はいずれも洗って丸のまま銅鍋に入れ、その日の気分に合わせて好きな油をまわしかけ、ふたをして火にかける。下の面が火ぶくれしてきたら、転がして、全体にじんわりと火を通す。最後は塩、またはしょうゆ、あるいはさらに酢を回しかける。器に野菜を盛り、しょうゆや酢を入れた場合は煮汁をとろりとするまで煮詰めてからかける。ただそれだけのことだが、煮物でも、炒め物でもない、国籍もあやふやなこの料理が私はもう好きで好きでたまらない。初夏から初秋にかけて、間違いなく一番よく作る料理と言っていいだろう。そして、晩秋から早春には、これが菜っ葉や白菜やキャベツの蒸し煮にかわるのだ。

どちらも、もともとは南イタリアの家でしばらく居候をしていた時に覚えた野菜の食べ方で、和風にさっと焼くのとも、中華風に油で炒めたり揚げるのともちがう。野菜の芯まで油がじんわりと沁み透り、香りや旨味が水分とともに沁み出して再び油に入り混じるような、一種独特のおいしさがある。そして、一見何の変哲もない料理なのに、食べるとみな、へえ、これは何を入れて作るんですか？　と聞いてくださるような、魅力を湛えている。

また、切って料理する時はたいていはずしてから使う甘唐辛子やピーマンのへたや種は、蒸し焼きにすると逆においしい部分に変わる。新鮮なさんまの腸を食べるような気分と言ってもいいだろうか。客人にお出しすると丁寧にへたと種を残す方がほとんどだが、多少歯に触るかもしれないけれど、そこがおいしいのでぜひ食べてみてくださいとすすめるようにしている。

素材や調味料がおいしければ、それ以上何を加える必要もないのだが、時に趣向を変えるのも悪くはない。京風に山椒じゃこを入れるのはもちろん、別に赤玉ねぎと完熟のプチトマトをとろりと炒め、バジリコで香りを添えたソースをかけるプーリア風もいい。あるいは骨付きの鶏肉と蒸し焼きにして、ぐっと酢をきかせるのも好きだ。

ところで、油で野菜のおいしさを引き出すと言えば、韓国のナムルを忘れてはならない。私はナムルがとても好きで、季節の様々な野菜でよく作る。野菜ごとに、生なのか、炒めるのか、ゆでるのかを考え、また、ナッツや調味料、唐辛子の種類や量を変え、どうしたらより野菜のおいしさを引き出せるかを考えるのは、こよなく楽しい。

納豆鍋、あるいは黒砂糖と焼酎を加えたたれを絡ませて焼く豚あばら肉の炭火焼といった、我が家の定番韓国風料理にはたいてい何種類ものナムルを用意する。肉料理やごはんとの相性を考えながら、あの野菜も、この野菜も食べたらおいしいだろうなあと思っているうちに、食卓の上がナムルの鉢でいっぱいになってしまうのが常だ。手巻き寿司にも、ナムルが大活躍で、魚がいろいろとなくても、ナムルがあれば物足りなさを感じることはない。油を加え、調味料や香味野菜を変えるだけで無限に広がり、そして、野菜だけでも満足感をしっかり与えてくれるという点では、「我流スリランカカレー」に少し近いかもしれない。

枝豆のミントバター

「フランスではグリーンピースをミントとバターで料理するんだって。」

東京に暮らしていた頃、互いの家を毎日のように行き来し合っては、どちらかが料理を作り、ともに食べることを繰り返していた友がいた。

彼女は絵描きで、家を訪ねるとたいていその日に料理する食材を神妙な面持ちでスケッチしている。同じ食材をただ料理することしかできない自分にとって、まず描き、そして、それを絵を描くように料理できる彼女が羨ましくもあり、いつもそばで見ていられることは幸せだった。今日作るものを書き留めた紙切れの文字も、どこか踊り出しそうで、一枚の絵を見ているかのような献立だった。私はそれを眺めながら、台所に立つ彼女の脇に立ち、鍋を覗き込み、食卓をしつらえる。食事の後、彼女は端整な水色の手帳を取り出して、再びペンを自由自在に動かし、その日に作ったものを描く。一緒に食べたはずなのに、私には見えていなかった線や匂いまでが描かれていて、私はいつもどぎまぎした。その夜、私たちのお腹に収まったバターとミントで火を通したグリーンピースの、緑色の丸い粒々が放つ甘みも、爽やかなバターの香りも、彼女の描く紙の上ではずっと生き続けてゆくのだろう。

私は描くことはできないけれど、ミントの香りを移したバターが魔法だということは、忘れないでいる。あの後、だいぶ経ってからピエモンテでズッキーニとミントとバターのタヤリンを食べた時、二人で台所で過ごした時間が蘇ってきて、咽びそうになった。

鍋にミントとバターを入れて熱を加え、溶け出してゆく香りには、やさしさと冷たさが混じり合ったような不思議な心地よさがある。それは相反するものが寄り添い、想像もしなかった魅力を開花させることの悦びを教えてくれた。

絵や料理はもちろん、縫い物も、ケーキを焼くことも、なんでも器用にこなす彼女と、料理しかできない私。夢見がちな彼女と、どこかいつも冷めた目でいる自分。決して似た者同士ではなかったけれど、強烈に惹かれ合う何かが二人の中にもあった。

ミントとバターのヴェールをかけられて、より輝きを増す緑色の野菜はグリーンピースだけではない。そら豆やアスパラガス、そして枝豆。ほのかに肉肉しい匂いのあるものにミントとバターが不思議と合うことを知ったのも、異なるものが奏で合う音の響きを私が追い求め続けたからかもしれない。

──カネコ式青菜炒め

カネコさんは、台湾の中部の町・花蓮で茶屋を営んでいる。台湾茶の買い付けのためにカネコさんの店をしばしば訪れている友人に連れられて、私と娘も花蓮にやってきた。日がな一日カネコさんと向かい合わせで次から次へとお茶の試飲をする友人の姿をぼんやりと眺めながら、カフェインの強いお茶ですぐに胃がやられてしまう我が身を恨む。仕方なく、日本から持ってきた台湾の食について書かれた本を読んでいたら、台湾には様々な野草を食べる習慣があることを知った。「夕飯はどうするのですか」とカネコさんが尋ねるので、「野草料理の店に行ってみたいのですが、どこかご存知ですか」と聞くと、滅多に外でごはんを食べることはないというご夫婦は、これといった心当たりがないと言う。がっかりしていると、「では、明日の昼ご飯は野草料理が食べられるところを探しておくので一緒に食べに出かけましょう」と声をかけてくださった。

翌朝、カネコさんの茶屋に出向くと、「やっぱり、今日は私がここで料理をすることにしました」とおっしゃる。中を覗くと、台所の床にはずらりとバケツが並んでおり、たっぷりの水に浸かった様々な青菜が今か今かと料理されるのを待っていた。

午前中、市場を散歩して昼前に戻る。扉を開けるとすでにいい香りが漂っていて、台所で昼食の準備を進めているカネコさんのもとへ、私は大急ぎで駆け寄る。脇に立ち、素材のこと、味つけのことを一つ一つ聞く間にも、カネコさんは手を休ませることなく、どんどんと料理を仕上げてゆく。青菜の炒めものだけで五種、いわゆる野草かどうかはわからなかったが、日本で見たことのないような青菜もあり、逆に日本にあっても炒めて食べる習慣のないものもあった。その他、いかやえびの炒め物やはまぐりのスープ、大根餅に焼きビーフンと、十一種もの料理が細長い店のテーブルに所狭しと並ぶ。

どれもいつまでも食べていたくなるような優しい味わいだったが、中でも青菜炒めは一般家庭の火力でこうも上手に作れるのかと、目から鱗が落ちる思いがした。ガス台は簡易なもので火力も強くない。鍋もこれと言って特別なものではない。食堂や料理店で出てくるような、強火でざっと炒めた青菜とはちがう、しゃきしゃきというよりはどこかとろりとしたやさしい食感で、これが何とも言えず癖になるおいしさだった。

また、カネコさんは青菜を炒める時には必ずにんにくとしょうがを入れるが、野菜によって、またその日の気分によって、ねぎや赤唐辛子、あるいはいりこなどが加わることもあるようだった。たくさんの料理を作っていただいたが、カネコさんの青菜炒めには学ぶべきことが多く、日本に帰ったらきっとおいしく作れるようになりたいと思った。以来、我が家では青菜炒めのことを「カネコ式」と呼び、しばしば食卓に登場するようになった。カネコさんの食卓に四歳にして招かれた娘も、カネコ式で炒めた青菜は気に入ってよく食べる。そして必ず「これ、カネコ式?」とたずねるのである。

カネコさんに料理を習った日に書いた私の旅行記兼食日記はいつになく力の入ったもので、長々と、かつ綿密に様々な気づきや感想を書いている。

「酒を入れるタイミングは炒める途中だったり、火を止めた後だったり色々で、これは適当にやっているというよりは確信して必要な時に入れているのかもしれないと、すべての青菜炒めを食べてから思った。もちろんそれは感覚的なことであろうし、習慣的でもあり、正しい答えなど存在する筈はない。でも、同じ香味野菜と調味料を使っているのに、一つ一つの菜っ葉の味が際立っていて一つとして同じ味がない、これはちょっとした驚きだった。馬の餌のようにたくさんあった青菜は、スープ皿にこんもりとのるくらいの量になり、スープを入れたかのように水分がじんわりと染み出ている。中華の炒め物と言うとつい強火にしすぎて、鍋底の方がこげくさくなることもあったが、焦らず触らず、放っておくことがおいしさにつながるのだろう。この青菜炒めはぜひ習得したい。」

——自然薯のリゾット

南ドイツにあるフルーツブランデーの蒸留所へ酒造りの修業に出かけていた友人から突然連絡があった。修業先のフルーツブランデーをいろいろ持ち帰るので、それで何か料理を作ってくれないか、という。アルコールの強い酒が得意ではないので、蒸留酒の類をたしなむ習慣は残念ながらないのだが、何しろ素晴らしい蒸留所だという噂は耳にしていたので、果たしてどんなお酒なのか気になって、挑戦を受けることにした。

しばらくして、一時帰国した彼がぞろぞろと取り出した黒い六角瓶は、何とも言えぬ優雅さを醸し、象牙色のラベルもそこに書かれた字体も文句のない美しさだ。見ただけで、喉がなる。

学生時代、趣味で勉強していたドイツ語の記憶を引っ張り出し、ラベルに書かれた名前を読み上げていくと、ベルガモットやプラム、杏、西洋梨など、ヨーロッパの田園風景がくっきりと浮かび上がってきてしばし意識が遠のく。ピエモンテのヘーゼルナッツ、シチリアのブラッドオレンジ……。私が愛したイタリアの北で、南で、散歩のたびに眺めていた果実たちが、この瓶の中に閉じ込められているのだ。口の中は一気に甘い香りで一杯になる。

次々に栓を抜いてもらい、あえてラベルは見ずに口に含むと、想像していたのとはまったく別の、どこまでもきりりとした、マニッシュな香味が広がる。勝手にどこかファンシーな味覚の世界を想像していた私は、いい意味で裏切られた。そして、フルーツブランデーなるものを使った料理に改めて臨むことにしたのである。

いくつもの料理を作ったが、個人的に素晴らしい仕上がりになったと思うのが、イタリアはピエモンテが誇るヘーゼルナッツ「トンダ・ジェンティーレ」を焙煎し蒸留したというお酒を使った「自然薯のリゾット」だ。自然薯というひどく日本的な食材が、とろろごはんの延長にならずに、北イタリアのリストランテで供されてもおかしくないリゾットに昇華した。もとよりこの芳しいフルーツブランデーの力に依るところが大きいが、かわりにグラッパをひとたらししてもいいと思う。

突如としてヨーロッパの香りをふりかけられて一番驚いているのは、日本の山でじわりじわりと根を伸ばしていた自然薯そのものかもしれない。しかし、皿の中の素材が踊り出しそうな組み合わせを思いついた私は、心の中でひとり拍手喝采せずにはいられない。西洋も東洋もない。美味なるものは美味なのだ。

高菜のしゃぶしゃぶ
――さやいんげんの高菜和え

熊本に暮らすようになってうれしかったことの一つ、それは高菜との出会いだ。熊本では主に漬け物の材料とされ、漬けたての青々としたものから、少し黄ばんで酸味が出てきたものまでそれぞれのおいしさがある。阿蘇のだご汁屋さんに行くと必ず出てくる「高菜飯」や、熊本のお弁当では定番の「高菜おむすび」は、こちらではごく当たり前のものなのだろうが、私にとっては大人になってから知った、でもどこか懐かしさを感じる味である。

とはいえ、私自身は高菜飯も高菜おむすびもまだ作ったことがない。高菜漬けも自分で漬けてみたいなあと思いながら、はや七年が過ぎてしまった。なぜかと言うと、高菜は私にとって、多々ある青菜の一つとして、料理心を疼かせる魅力的な素材なのである。漬けてじっくり出来上がりを待つこともできないほど、様々に料理をしたくなってしまうのだ。だから、寒くなって市場に高菜が並ぶようになると、用途も考えずについ買い込み、ありとあらゆる方法で料理をする。

高菜は野菜の中でも旨味がとても強く油との相性がよいので、私は洋風や中華風にいただくことが多い。その日の気分で好みの油をまぶして蒸し煮にしたり、パスタと一緒にゆでておいしいオリーブ油をかけて食べたり、また、芯の柔らかいところは生でサラダにしたり。さらには我が家の定番手抜き料理であるしゃぶしゃぶで